ちくま新書

思考を鍛えるメモ力

齋藤 孝
Takashi Saito

1340

思考を鍛えるメモ力【目次】

第六章　「鬼のメモ力」実践篇　

はじめに　思考力がある人は手で考える

みなさんは日常生活でどれくらいメモを取っていますか。

メモの効用は、いろいろあります。

メモを取る習慣のある人は、うっかりミスが少ない。

メモを取ることで積極的に物事に関わっていける。

主にメモは「忘れないため」にされていますが、この本では、メモを取ることで考える力を鍛える、そんなメモ力をご紹介したいと思います。

思考を鍛えるための王道。それがメモ力です。「考えよう」となんとなく思っても、思考は深まりません。手を使って、字や図を描くことで思考がみるみるうちに深まります。

クリエイティブな思考力は、メモ力と共にあります。

「Ｎｏ　メモ、Ｎｏ　アイデア！」

これがこの本の合言葉です。

私は大学四年生の授業で「**メモ力を身につけて大学を卒業しよう**」という目標を掲げて

います。なぜならメモ力があるかないかで、その後の人生が大きく変わってしまうと考えているからです。

大学四年生といえば、これから一般企業に就職したり、教師になる人もいます。仕事についたら、メモ力はひじょうに重要になります。人に伝達するときも必要ですし、自分自身に何か気づきがあったときや何かを学んだとき、それを書き留めるためにもメモ力は欠かせないからです。

ふだんからメモ力を鍛えておくのか、おかないのかが何年後、何十年後かに信じられないほどの差になってあらわれるのは間違いありません。

というのも、人はものすごい速度で忘れていき、しかも忘れたということさえも忘れてしまう存在だからです。

ドイツの心理学者、ヘルマン・エビングハウスが発見した忘却曲線というものをご存じでしょうか。被験者に意味のない三つのアルファベットの羅列を覚えさせ、その記憶がどれくらいのスピードで忘れられていくのかをグラフ化したものです。

すると人は二〇分後には四二%、一時間後に五六%、一日後には何と七四%、一週間で七七%、一カ月後に七九%忘れるという結果が出ました。

[エビングハウスの忘却曲線]

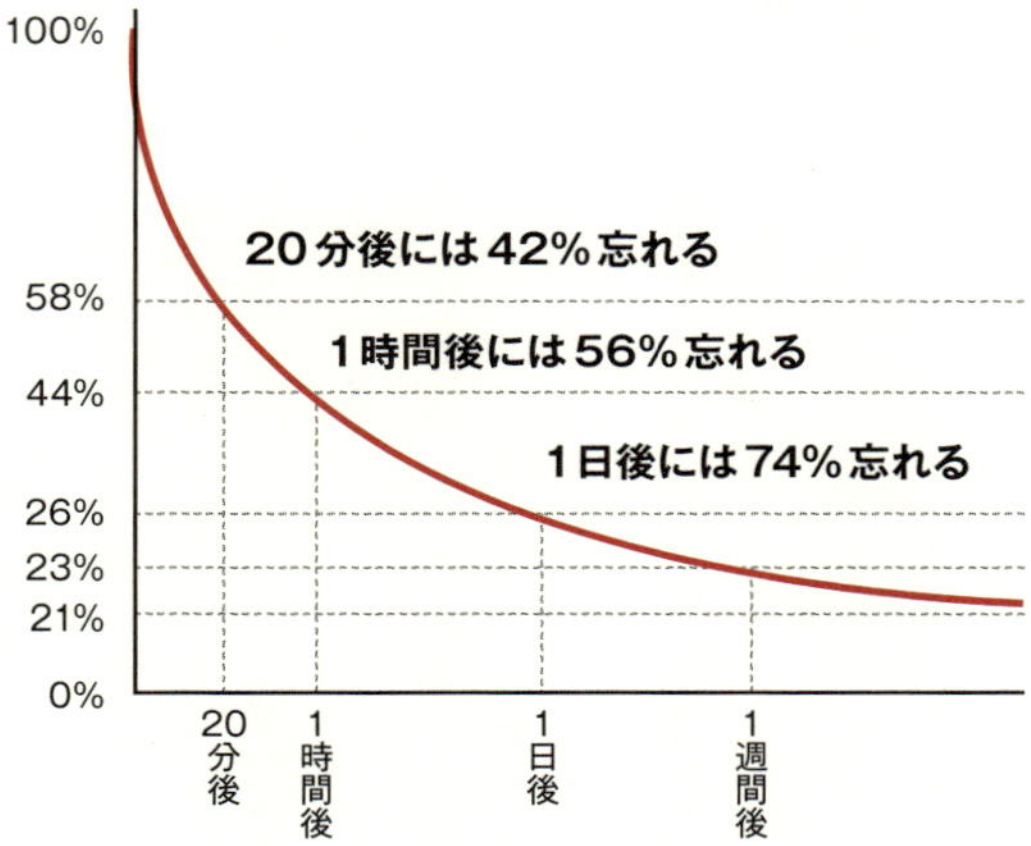

驚くべきことではありませんか。人は何かを聞いたり、覚えたりしても、一時間後には半分近く、一日二日で記憶のほとんどが抜けてしまうのです。ほぼ聞いたそばから忘れていく、といってもいいわけです。

これは由々しきことです。仕事で聞いたことの七割を覚えていても、三割を忘れてしまう人がいたら、かなり危険人物だとみなされます。でもこの実験によれば、**人はみな一日たてば記憶の七割以上は忘れてしまうのです。**

仕事というのは基本的にエビングハウスの忘却曲線の現実に抗うことを意味します。では忘れないためにどうするのかというと、もうメモを取るしかありません。

メモを見ると、「さっきはこの話をした」と思い出せます。一見バラバラに見えるものでも、メモを取っておくと文脈がしっかり見えて、バラバラなものがつながっていきます。ナポレオンも、エジソンも、ダ・ヴィンチも、ある種の天才だった人たちはみなメモ魔だったといわれます。逆に言うと、彼らはメモ魔だったから、才能が発揮できたという見方もできるかもしれません。

みなさんも、『古事記』を空で暗唱した稗田阿礼《ひえだのあれ》のような並はずれた記憶力を持っていれば別ですが、そうでなければ、こまめにメモを取ることをおすすめします。歴史に残る天才たちが、みなメモを取っていたのです。**凡人である我々がメモを取らずして、どうしてミスなく仕事をこなすことができるでしょうか。**私はメモを取らずに、事にのぞむ人の気が知れません。

この本では簡単なメモの方法から、アイデアや発想を生み出すクリエイティブなメモ力まで順番に見ていこうと思います。この本を読んだみなさんが苦もなくメモが取れるようになり、さらにそのメモ力を活用して、思考を鍛えてデキる人間に成長し、クリエイティブな活躍ができるよう願ってやみません。

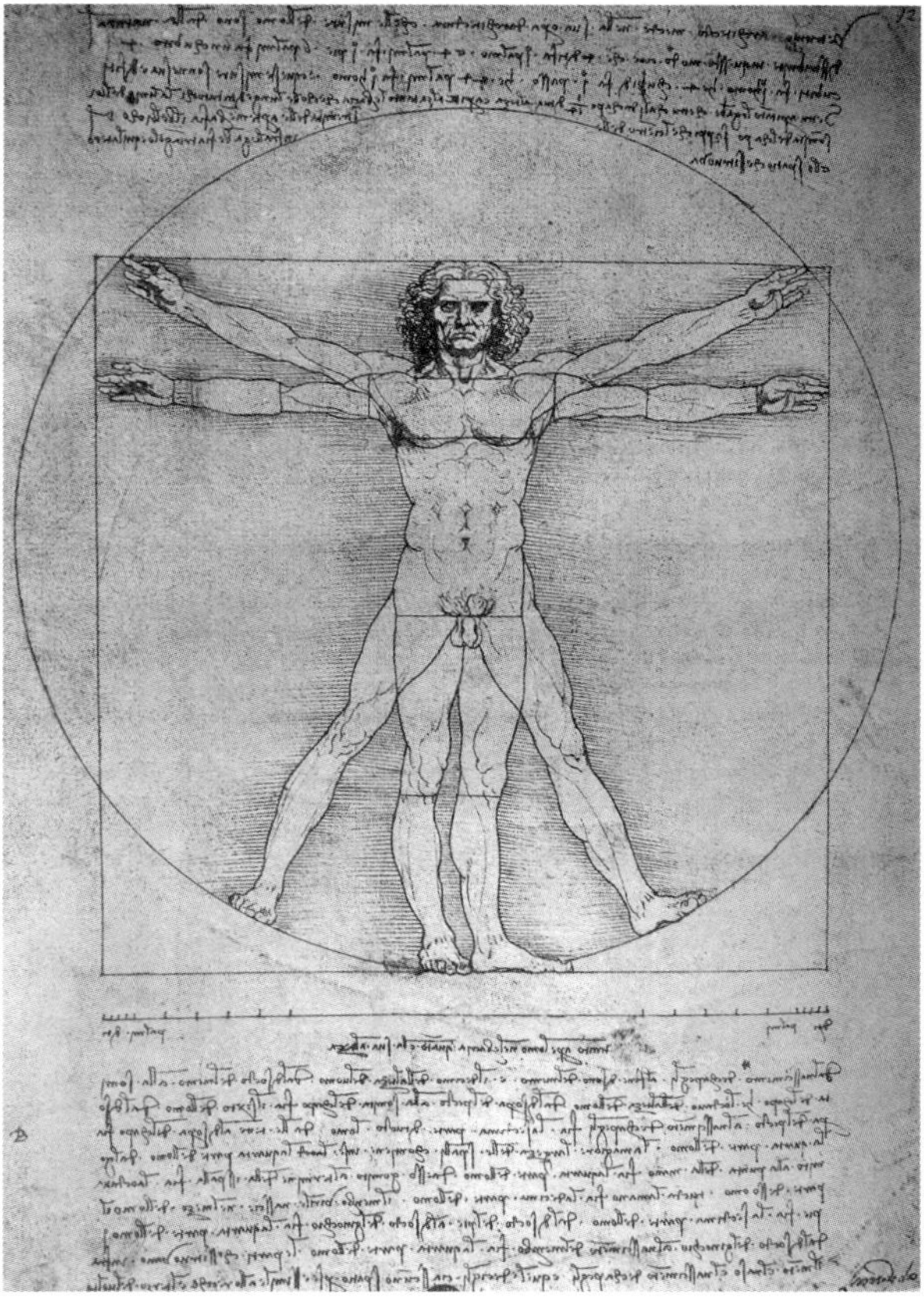

第一章

メモの効用とは何か

ダ・ヴィンチの「ウィトルウィウス的人体図」のメモ

†メモを取る効用ははかりしれない

この本ではメモの効率的な取り方について初心者レベルから身につけていき、最終的には生産的な創造につながるクリエイティブな「鬼のメモ力」をつけることを目的にしています。

そのためには、**メモ力がなぜ大切なのか、その効用から見ていきたいと思います。**

何のためにメモを取るのかという必要性が理解できていないと、メモ力をつける動機づけにつながりません。

今までメモをあまり取ってこなかったメモ力初心者や、メモを取っても効果がなかった方々に、クリエイティブなメモ力を身につけてもらうためには、「こうなりたいから、メモ力を身につけるのだ」「こうなってはいけないから、メモ力が必要なのだ」というメモ力の効用をしっかり理解していただく必要があります。

いわば動機づけの部分です。もし、「自分はメモの必要性を十分わかっている」という方はこの章を飛ばして、第二章の実践篇からスタートしていただいてもけっこうです。

とにかく今まであまり注目されてこなかったメモ力に注目してもらい、自分自身を一日置かれる有能な人に成長させるために、この本を活用していただきたいと思っています。

それではまず、なぜメモ力が必要なのか、メモ力の効用から見ていくことにしましょう。

1　伝達事項をしっかり受け取ることができる

メモ力がなぜ必要なのかというと、何と言ってもミスを防げるからです。

仕事のほとんどは伝達事項をしっかり受け取る、あるいはちゃんと人に受け渡すことによって成り立っていると言っても言い過ぎではありません。ということは、**仕事のトラブルの原因のほとんどは伝達事項の行き違いや漏れから起きる、**と言ってもいいでしょう。

たとえば上司がちゃんと指示を出しているのに、部下が実行できず、上司がイラッとするケースがよくあります。そもそも口頭で指示をしているときに、まったくメモを取ろうとしない人がいますが、そうするとあとで「やっぱりね」ということが起きてしまいます。

指示を出されているのに、メモを取らない人を見ると、私はハラハラしてしまいます。「あれだけの量の指示を出しているのに、全然メモを取らなくて大丈夫なんだろうか」と思うのですが、一方で「とはいえ大人なんだから、子どもみたいに注意するのもなんだしなあ」と任せると、やはり漏れが出てトラブルになり、「やっぱりダメだったか」と思うわけです。

そもそも「大丈夫か？」と聞いて、「大丈夫です」と言う人は信用できないというのが私の経験則です。

大学でも、大丈夫ではない学生ほど「大丈夫です」とさわやかに言います。優秀な学生は「このポイントとこのポイントが、ちょっと心配です」というように具体的な部分をあげて質問して来るのですが、質問も何もなく、ただ「大丈夫です」と言う人が一番こわい。その差はメモをちゃんと取っているかどうかで、明確に表れてきます。

2　メモがあれば思い出すきっかけになる

何度も言うようですが、人は放っておけば、たった一日で聞いたことの七割を忘れてしまう存在です。私たちがのんきに毎日生きていられるのも、ほとんどのことを忘れてしまうからだと言えます。

しかし仕事や勉強の場面では、これではまったく進歩がありません。せっかく有意義な話を聞いても、「いろいろ話していたけど、あれは何だったっけ？」と中身が思い出せなかったり、そのうち話を聞いたことさえ忘れてしまっては、知識の蓄積ができません。

人から聞いた話だけならいいのですが、自分が考えたり、ひらめいたりしたことさえ忘れてしまうのですから、さらに深刻です。よくお酒の席で盛り上がって、すごくいいアイデアを思いついた気がしたのに、翌朝になって、「あれ、何だっけ？」とすっかり忘れていることがあります。

おそろしい勢いで忘れていくのが私たちなのだ、と知っておくと、何かひらめいたり、心にひっかかったとき、メモを取らずにはいられなくなります。

たとえ断片的であっても、メモを取っていれば、それがフックになって何かを思い出すきっかけが生まれます。居酒屋の箸袋に書きなぐったみみずがのたうち回ったような文字でも、「ああ、そうそう」という感じで、記憶を引きずり出すことができるのです。

こうしたメモが、のちに国を動かすような大きな存在になることもあります。

幕末の志士・坂本龍馬が前土佐藩主の山内豊信《とよしげ》（容堂）に大政奉還論を進言するためにつくったのが「船中八策」という一連の方針です。これは土佐藩の艦隊である海援隊を指揮していた龍馬が、洋上で藩主側近の後藤象二郎に対して、口頭で示したものを、龍馬の部下であった長岡謙吉が書き留め、成文化したものです。

文字通り、「一つ、何々。一つ、何々」というように、メモ書き風に八つ書いてあります。西郷隆盛はこれを活用しながら明治政府の形をつくっていきました。

ある個人の考えや、誰かとのやりとりをメモ的なものとして残しておいたおかげで、それが国の骨格になったわけです。

船の中で龍馬が話したことを長岡謙吉がメモに残し、それがのちの明治政府をつくっていった。そう考えると、「長岡が文字にしてくれていてよかった」と思います。もしあのとき彼がメモを取っていなかったら、「船中八策」は存在しなかったかもしれないし、明

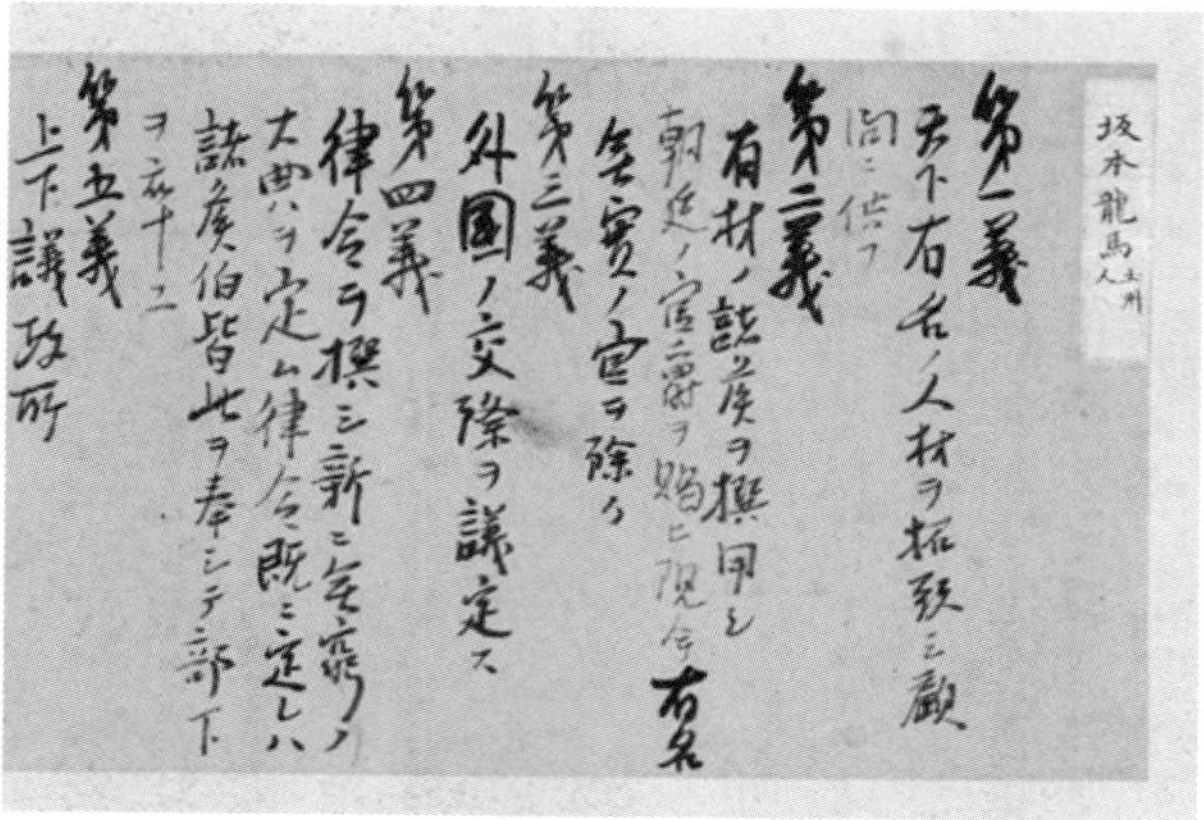
坂本龍馬 土州人
第一義
天下有名ノ人材ヲ招致シ顧
問ニ供フ
第二義
有材ノ諸侯ヲ撰用シ
朝廷ノ官爵ヲ賜ヒ現今有名
無実ノ官ヲ除ク
第三義
外国ノ交際ヲ議定ス
第四義
律令ヲ撰シ新ニ無窮ノ
大典ヲ定ム律令既ニ定レバ
諸侯伯皆此ヲ奉シテ部下
ヲ率ス
第五義
上下議政所

［船中八策］

治政府の形ももう少し違ったものになったかもしれません。

たかがメモ力、されどメモ力。メモする力が国を動かすようなクリエイティブな力になることもあるのです。

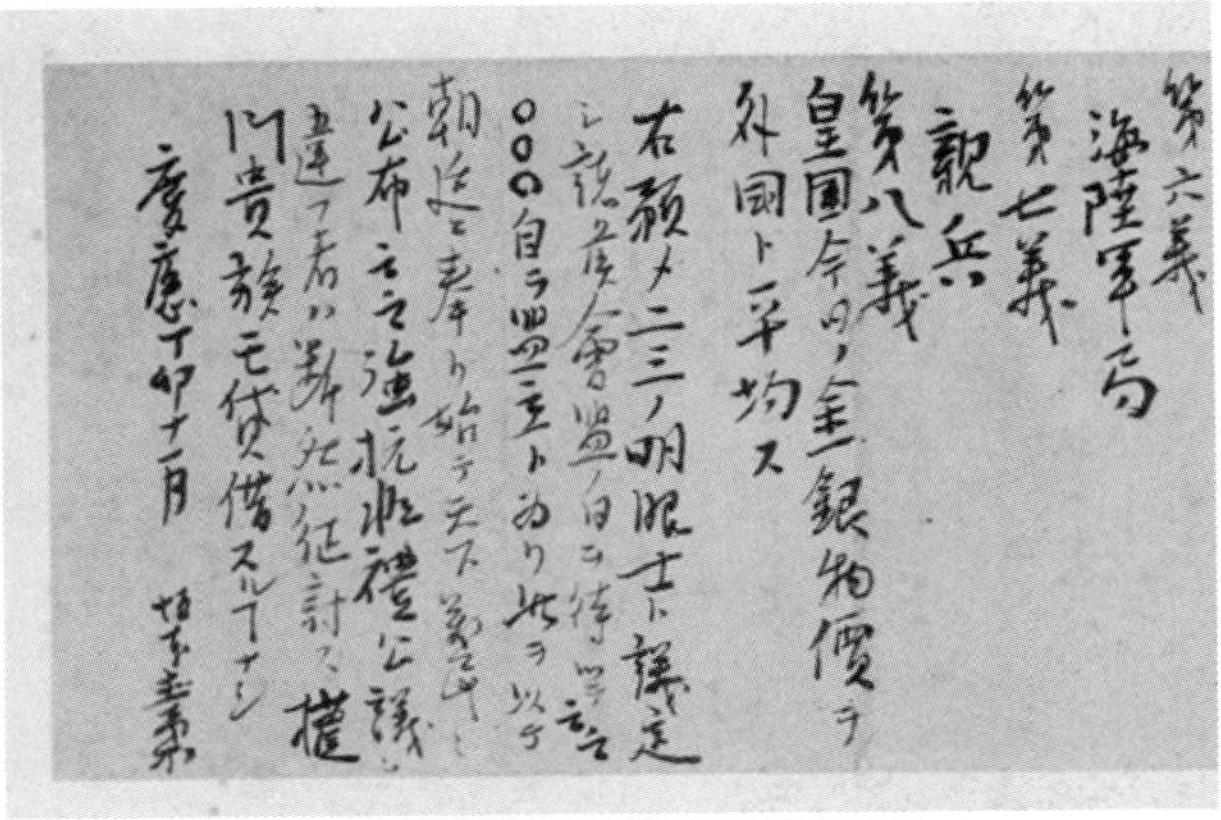
第六義
海陸軍局
第七義
親兵
第八義
皇国今日ノ金銀物価ヲ外国ト平均ス
右預メ二三ノ明眼士ト議定シ諸侯会盟ノ日ヲ待ツテ云々〇〇〇自ラ盟主ト為リ此ヲ以テ朝廷ニ奉リ始テ天下萬民ニ公布云々強抗非礼公議ニ違フ者ハ断然征討ス権門貴族モ貸借スルコトナシ
慶応丁卯十一月　坂本直柔

3 『学ぶ』基本はメモ力だった

小学校では、先生がノートに書き写すことをしっかり教えています。「今から先生が話すことを、ノートに書いてくださいね」と指示して、「朝起きたら歯を磨く。靴はそろえる」などとやるべきことをメモさせます。

すると「みなさん、朝起きてやることは何ですか？」と先生が質問したとき、生徒はちゃんとくり返せます。そうやって何回かやらせているうちに、必要なことを覚えていきます。

先生が言ったことを子どもがちゃんと吸収し、自分のものにする。これを「学ぶ」といいます。学ぶ基本は聞くことにあって、さらに聞くときのポイントがメモとして文字に書くことにあります。

『論語』は、孔子が言ったことやったことを、お弟子さんたちが記録したものです。孔子は終始一貫して「学ぶことは大事だ」と言い続けています。

孔子の主張が『論語』という書物になって後世まで残ったのは、お弟子さんたちがことあるごとに「先生はこう言われた」とメモしていたからです。『論語』に書かれた文章の多くが、「子曰く」で始まるのはそのためです。

人によっては、大切な着物にそれを書き留めました。先生の教えを生涯忘れないように、自分の着物に書いておいたわけです。「肝に銘じる」という言葉がありますが、深く心に刻みつけておくために、先生の言葉をメモしておいたのです。

ですから、孔子の言葉をいざ本にしようとしたとき、大事な言葉がけっこうたくさん集まりました。**お弟子さんたちがちゃんとメモしておいたおかげで、『論語』は二五〇〇年の月日を経て、今に伝わっているのです。**

学ぶ大切さを説いた『論語』が、メモを通して後世まで残ることになった事実は、メモと「学び」の密接な関連を示す象徴ではないでしょうか。

4 要約力が鍛えられる

昔の人は今のように何もかもコピーしたり、録音できるわけではないので、記憶力が頼りでした。手紙や電報には、何がポイントか、をまとめる要約力が求められていました。

しかし今はなまじ便利になってしまったために、「今言ったこと、あとでメールしてください」とか、「この資料、スマホで撮影していいですか」など、メモする手間を面倒がって、便利な機器に頼ってしまうので、よけいにメモする力、要約する力が劣化してしまいがちです。

しかしメモすることを習慣づけていると、話のポイントを要約しやすくなります。そもそもメモ自体が自分なりの要約力ですから、**メモを取る行為には要約力を鍛える効果があります。**

というのも、速記者でなければ一言一句をメモすることは不可能なので、必然的に内容を要約してメモすることになるからです。何を聞いても、ササッとメモを取るくせをつけておくと、自然に要約力が身についてきます。

仕事ができない人はたいてい要約力に欠けています。「あれほど言ったのに、どうしてこんなことが起きるのかな」「なぜ伝わらないのだろう」と思うときは、相手が話のポイントをおさえていないからです。

ポイントをおさえていないというのは、話を要約できないこととほぼイコールです。本当は話をした時点で「今言ったことをもう一度言ってみて」と聞いてみれば、話がどれだけ漏れているかがわかるのですが、職場は学校ではないので、相手に復唱を強要することはできにくい。

その結果、要点が漏れていて、あとで大変なことになってしまいます。

こういうズレがメモを取ることによって防げます。最初は相手の話の何が重要かわからなくてあれもこれもとメモしていても、慣れてくれば、大切なポイントだけメモできるようになります。

つまり要約力が身についてくるのです。ものすごいメモ魔で知られていたナポレオンは、自分のためにメモを取るだけでなく、部下に指示を出すときも、メモに書いて渡していました。

メモにはナポレオンの指示が要約されていて、部下はそれを見ただけで、「ああ、これをやらなきゃいけないんだ」と理解できました。メモの指示はひじょうに簡潔で要点をおさえており、誰がみてもわかるようなクリアなものだったそうです。

ナポレオンのようにふだんからメモ魔に徹していると、要約力も優れてくるという見本です。

5　自分の考えを整理できる

ナポレオン同様、部下にまめにメモを渡していたのがGM（ゼネラルモーターズ。アメリカの自動車メーカー）で長年社長を勤めていたアルフレッド・スローンです。ドラッカーの『経営者の条件』に書かれていますが、スローンは会議のとき、あまり発言せずに部下の報告に耳を傾け、会議が終わったあと、一人ひとりにメモを渡していました。

メモには、部下に対する指示がきちんと整理されて書かれていました。部下は何をすればいいかが一目瞭然でわかるので、生産性がひじょうに高まったそうです。

このように上司が部下に対してやるべきことをメモにして渡すのであれば、その前に上司自身が自分の頭をはっきりさせなければいけません。

「1．Aをやる。2．Bをやる。3．Cをやる。この三つだけやって」という指示が出せる人は、頭脳がクリアで、能力が高い上司になります。

メモというのは、頭脳を明晰にするためにひじょうに効果的なやり方です。文字はもやもやした考えを形にし、それを人と共有できるという特長があります。

その意味で、文字というのは文明そのものと言ってもいいでしょう。言語の歴史はとても古いのですが、それに比べて文字の歴史は比較的新しいものです。

この三〇〇〇~四〇〇〇年の間に文明が爆発的に発展したわけですが、これは文字による効果と言っていいでしょう。メモを取って、文字で考え、頭を整理する習慣を身につけておくと、文明が進化するように、個人の成長も爆発的に進むのは間違いありません。まさにメモ力が、成長の起爆剤になるのです。

私がメモ力の大切さを強く主張するのも、ここに理由があります。

6　コミュニケーション力が身につく

メモ力をきちんと身につけた人同士は、コミュニケーション能力がひじょうに高くなります。指示を出すほうは、漏れや取りこぼしがありませんし、指示されるほうも、見当はずれな方向で理解するといったことがありません。

プロ野球選手は「キャッチボールが大事だ」ということを言いますが、**メモ力に優れた人たちはキャッチボールが高いレベルでできるのです。**

そう考えると、メモを取る習慣がない人同士が話をするのは、ひじょうに心もとないと言えます。話すほうは要点を押さえずに話しますし、聞く方も要点をとらえないで聞きます。

そうすると、お互いがもやっとした状態で言葉がやりとりされて、結局はそこから何かが大量に漏れてしまいます。仕事のトラブルの多くはそうしたコミュニケーション・ギャップから生まれるので、とにかく漏れを少なくしていくことが大切です。

仕事上では一〇個の指示のうち一個落ちても許されませんが、実際には五個指示したうち、一個はその場で落ちてしまい、しばらくすると二個落ちています。さらに一週間くらいすると、三個は落ちています。

私は長年教師をしているのでわかるのですが、どんな人でもたいていそうです。「今、五つ言ったけど、もう一度くり返してみて」と聞いた場合、すべて言える人のほうが少ないでしょう。

それは何となく聞いているからそうなるのであって、ちゃんとメモしていれば、「一番目がこれ、二番目がこれ」と答えられます。

そのようにして言ったことと聞いたことがちゃんとやりとりできるから、コミュニケーションが成立します。そのためにはメモ力が不可欠だ、ということです。

メモもせずにコミュニケーションするのは、刀を持たずに戦さにいくようなもので、あまりに無謀だということを肝に銘じておきましょう。

7　積極的に聞く姿勢を示せる

メモを取る効用は、人から自分がどう映るのかという「自分の見え方」にも大きく影響します。

人の話を聞くとき、メモを熱心に取っていれば、その行為だけで「積極的である」という評価を受けて、その後の展開がうまくいきやすくなります。**メモを取るのは積極的に聞く姿勢を示す象徴的な行為です。**

メモを取りさえすれば、「他の人より積極的である」とアピールできるのです。たとえば五人部下がいて、そのうち一人だけがメモを取っていたらどうでしょうか。話している側が受ける印象はまったく違ってきます。

五人のうち誰が一番有能かはその場ではわからないにしても、少なくとも「メモを取っている人間は積極的である」と評価することができます。

これは習慣の問題なので、どこに行ってもメモを取る人は取るし、取らない人は取らないでしょう。しかしそんなちょっとした習慣の差が、自分の社会的評価につながっていくのです。

昔からそうだと思いますが、社会においては積極性が評価されます。そしてメモを取るという行為は、積極性を表現するひとつの有効な手段になっています。つまり、「その事柄に対して、私は積極的に取り組んでいます」という「構え」の表現になるわけです。

さらに言うと、メモを取る行為は「あなたの話には価値があります。だから私はメモするのです」というメッセージにもなります。自分は、メモされるほど価値があることを話している。話し手がそう感じれば、気分よく話せます。

メモは自分の積極性をアピールする効用がありますが、それにプラスして「あなたの話には価値がある」というメッセージを伝えてもいるのです。そうすることで、実は相手を勇気づけ、人を励ます〝おまけの効用〟もあるのです。

メモを取れば、自分の評価を上げ、さらに相手を励ますことになる。こんなにいい習慣をどうしてみなやらないのか、私は不思議でなりません。

8　当事者として自分を関わらせる

メモを取ることに慣れるにつれ、高度なメモ力が身についてきます。これがこの本で最終的にめざすクリエイティブなメモ力、すなわち「鬼のメモ力」につながります。

最初は、聞いたことをメモするだけ。そのうち、要点だけをパッパッと書き出す要約力が身についてきます。要点が抜き出せるようになると、それを踏まえて自分の考えが整理できるようになります。

さらにそれが進化すると、**自分に引っかかりがあったところが一緒にメモできるようになり、物事を自分に引きつけて考える力が鍛えられるのです。**

たとえば、誰かが『論語』の「過ぎたるは猶及ばざるが如し」という一節を引用したとします。それをそのままメモするのは、メモ力の初心者レベルです。

でもメモ力がついてくると、「そういえば自分もやり過ぎて失敗したことがあったな」などと思い出し、そのエピソードにまつわることを簡単に書き留めておけるようになるでしょう。

するとその人は自分を当事者として、相手の話に関わらせたことになります。

こうなると、物事の理解はぐっと深まります。人の話をただ聞くだけでなく、自分事として引きつけて考えられるようになるので、頭が刺激されて、新しい展開が生まれます。

これが「鬼のメモ力」につながる、攻めのメモ力です。

人の話をちゃんと受けることができるのが、受け身的な「守りのメモ力」だとすると、さらにそれを当事者として受け止め、「自分ならどうするか」と考える段階に進めるのがアクティブなメモ力、すなわち「攻めのメモ力」です。

この本でめざす「鬼のメモ力」は、まさに「攻めのメモ力」の究極にあるものです。メモを取ることを習慣にしていくと、最初は「守りのメモ力」が鍛えられ、さらに進化すると「攻めのメモ力」もついてきます。

当事者として自分を関わらせることができるようになるのは、その第一歩というわけです。

9　質問力とコメント力が磨かれるようになる

当事者として自分を関わらせる、つまり「守りのメモ力」から「攻めのメモ力」へ進化できると、質問力が磨かれてきます。

メモを取りながら、「自分の場合はこうだった」「自分ならこうする」「こういう場合はどうなんだろう」というようなことを同時に書き留めていけるので、相手の話がひと通り終わったあと、「何か質問がありますか?」と聞かれたとき、即座に「はいっ! これについて、私はこう思いますが、どうでしょうか」と質問できます。

メモを取りながら、質問を考えている人はほとんどいないでしょうから、**あらかじめいくつか質問をメモっておけば、複数の中からもっともいいものをセレクトできます。**いい質問をした人はひじょうに好印象になり、「デキる人」という評価が高まります。

また、話し終わった相手から「じゃあ、君ならどうする?」と突然話をふられても、口ごもらないですぐに「私はこう思います」とコメントができます。

まさに打てば響くような応答ができるわけで、仕事の場ではひじょうに高評価につながるでしょう。「攻めのメモ力」を鍛えれば、現代社会で生き抜く必須の力、質問力とコメント力が磨かれていくのです。

10 メモによってクリエイティビティが刺激される

メモが単なる相手の言葉の記述から脱して、アクティブなものに進化していくと、そこからクリエイティブなものが生まれてきます。

アインシュタインはぼうだいな量のメモを残したことで知られています。彼は乳母車で子どもをあやしながらもメモをしたと言われています。

エジソンもまたメモ魔で有名です。その量は、今でもまだ整理しきれないほどだと言われています。『エジソン――20世紀を発明した男』（ニール・ボールドウィン著・椿正春訳、三田出版会）の中にメモの写真がありますが、文字だけでなく、図やイラストも書きなぐってあり、まさに無から有を生み出すクリエイティビティのルーツを見る思いがします。

そういえばレオナルド・ダ・ヴィンチもメモを書きまくったといわれています。アインシュタイン、エジソン、ダ・ヴィンチという人類のクリエイティブの代表選手のような三人が、みなメモ魔だったことは偶然ではありません。

彼らの場合、メモする手が止まらないくらいの勢いだったのでしょう。おそらく「これ

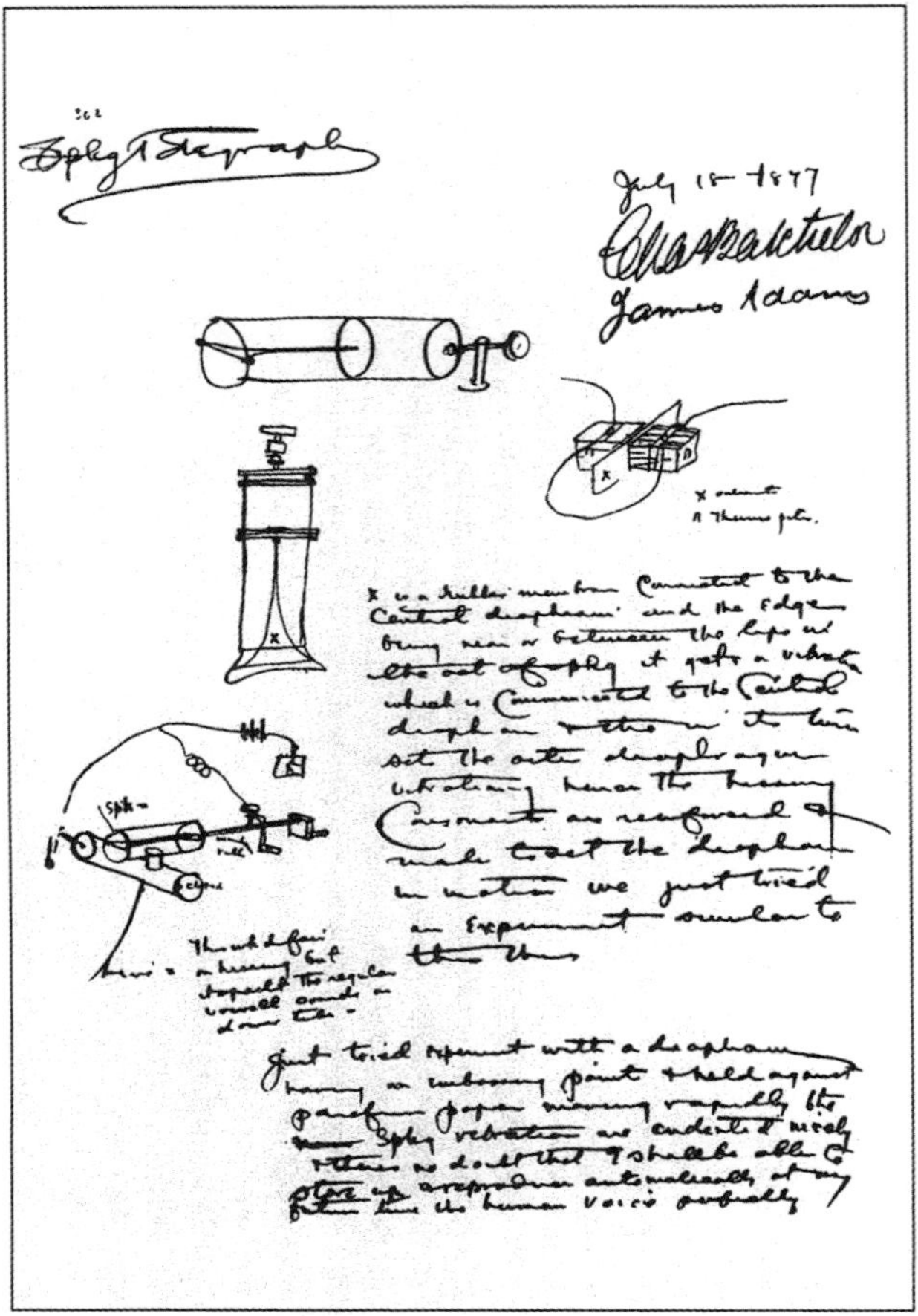

［フォノグラフ（話す電信装置）に関する最初のメモ（『エジソン——20世紀を発明した男』より）］

はこうやって、こうするのだ」ということを書いて、書いて、書きまくり、思考していく。要するに手で考えるようなものです。**メモ力はクリエイティビティと切っても切れない関係にある、**といっても間違いないでしょう。

彼らはまさに「鬼のメモ力」そのものの人たちですから、ダ・ヴィンチ、エジソン、アインシュタインのメモや彼らにつらなるメモ強者、「鬼のメモ力」の持ち主が残したメモを参考にすると、間違いなくクリエイティビティが鍛えられると思います。

第 二 章

まずはメモ力初心者からはじめよう

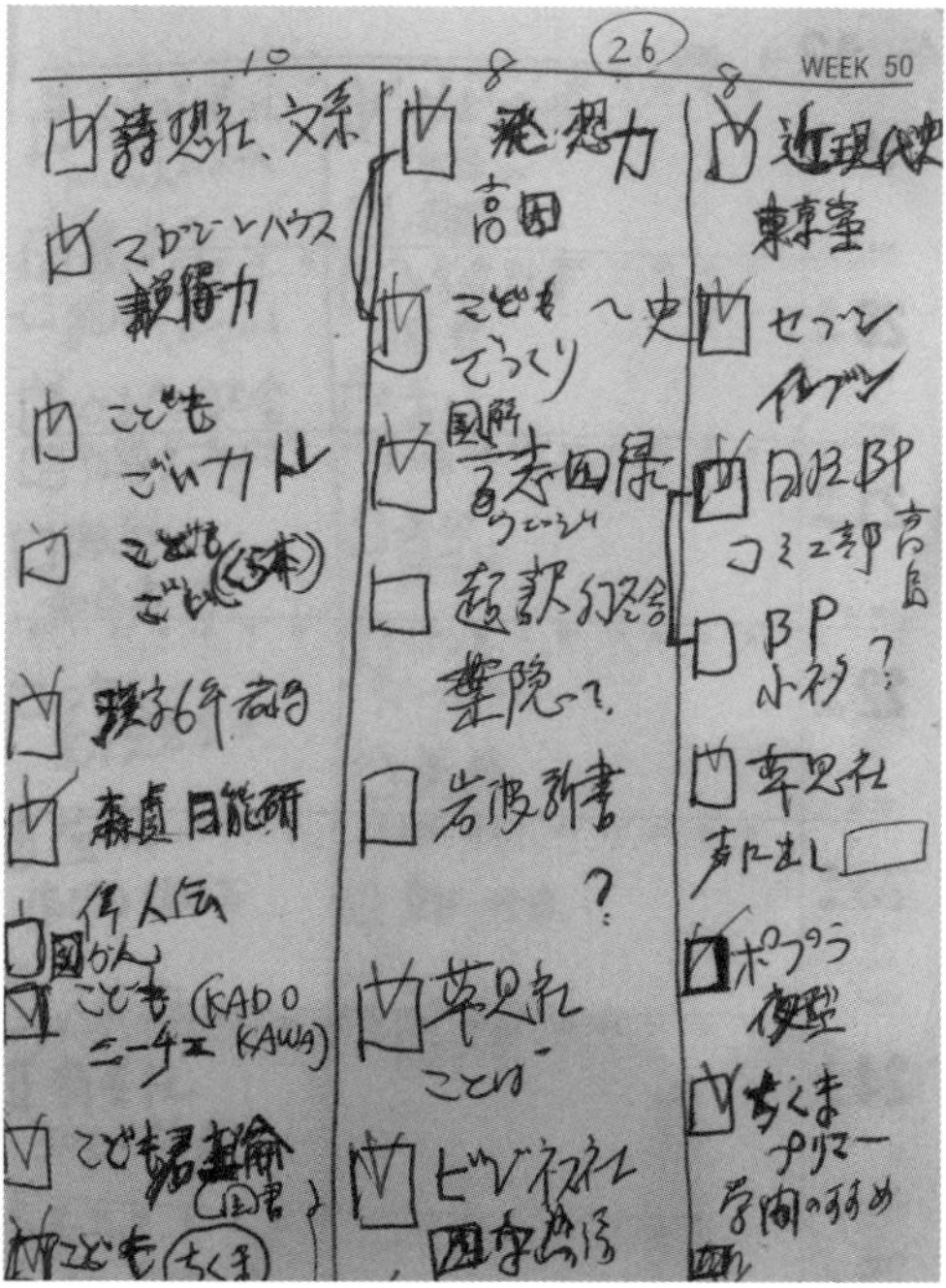

著者の手帳のチェックボックス

†人は「手」で考える。メモは必ず手書きで

メモを取るのが苦手な人は、最初から完璧なものをめざしていたのではないでしょうか。

メモは、聞いたことを断片的に書き留めるものです。

自分が見てわかればいいのであって、人が見て「何が書いてあるかわからない」ものであっても、まったくかまいません。私が書いたメモなど、おそらく私以外の人間には判読不能でしょう。

そもそも誰が見てもわかる整理された文章は、メモとは言いません。その場でささっと書き留めるお手軽で即時性のある断片的なものでいい。何だったら、自分だけがわかる記号や象形文字で残してもいいと思います。

そう考えれば、メモに対するハードルが下がるのではないでしょうか。

この章ではメモを取る習慣がない人やメモ力初心者がどうやったら「鬼のメモ力」を身につけることができるか、初心者に向けたハウツーの第一歩から説明したいと思います。

(1) メモ帳

まずメモを取るときの道具ですが、

（2）三色または四色ボールペン（赤・青・緑を含むもの）を用意してください。メモ帳はノートでもいいし、不要になった紙を束ねたものでもいいでしょう。

私の場合は、メモ帳もかねたスケジュール手帳と、ファイルにはさんだＡ４の裏紙をいつも持ち歩いています。

Ａ４の紙はプリントアウトした資料の裏紙などを使うと便利でしょう。Ａ４ぐらいの大きさがあると、文字だけでなく、イラストや図もどんどん書き込むことができて、あとでふれる高度なメモ力を習得したときに便利です。

緑色を含む三色または四色のボールペンを用意する理由は、あとから述べます。

とにかくここで重要なのは、メモは紙に手で書く、ということです。私は、いつも手書きならではの効力を感じています。最近はスマホにもメモ機能が搭載されていて、メモというと、スマホのメモ帳を利用する人が増えています。

これはこれで、書いたことをそのまま送ることができるので便利ですが、手書きのメモにも良さがあるので、両方を併用するといいのではないかと思います。

またスマホやパソコンに打ち込んでメモすると、たんにいじって遊んでいるだけと誤解されることもあります。とくに目上の人や大切なお客さんの前でメモするときは、スマホやPCではなく手書きをおすすめします。

ここでいうメモ力の大きな特徴は「手で書く」ということです。手で白い紙に文字を書いて思考するのは、まさに「手で考えている」という感じです。

スマホやパソコンのキーボードも手を使いますが、キーボードで言葉を打つより、手で紙に文字を書いて自分の考えと一体化させていくほうが、身体性という意味ではより直接的に表現できる気がします。

今はパソコンなどでも、手書き入力でメモがつくれる機能が搭載されています。手書きの需要がかなりある証拠ではないでしょうか。

手書きの良さは今後も失われないと思います。手書きのメモをバンバン書いていくと、自分の頭が活性化し、能力が目覚めていく気がします。

†板書を写すのはメモとは言わない

メモ力はだんだんレベルをあげていくものですから、まずは「書く」という行為を練習しなければなりません。メモ力初心者は、とにかく何でもいいのでメモを取るという行為をやってみることにしましょう。

慣れてくれば、サラサラとストレスなくメモできるようになります。メモを取ることが習慣化されると、長いスパンで見れば、新しい知識を積極的に取り込もうとする姿勢が「技」として身につきます。

メモ力初心者が往々にしておちいりがちな間違いに、板書を写すことがあります。先生が黒板に書いたものをノートに写す行為は、ノートを取る作業ではありますが、メモ力ではありません。

板書を写すのをいくらきわめても、この本でいうクリエイティブなメモ力、「鬼のメモ力」に到達することはありませんので念のため。

板書を写すとは、先生がすでに文字にしてくれていることを写すだけです。もちろん写している間に、記憶に残ることはあるでしょうが、板書を写すのとメモ力とはそもそもまったく別ものだと思ってください。

メモ力とは、相手が「口で」しゃべったことを文字化する作業です。いってみれば書き文字でないものを書き文字にするという行為です。話したことを文字化する行為と、書いてある文字を写す行為は、構造的にまったく異なります。

また板書を写すことだけをしていると、黒板に書かれたものだけが正解かつすべてだと思いがちで、自分の中から生まれたものを大切にする気持が生まれにくいでしょう。板書を写して終了なので、「自分の考えこそが大切である」というクリエイティブな領域に進みづらいのです。

たとえて言えば、板書を写すことは先生がすでにつかまえてくれた魚がきれいに並んでいて、それを生徒が買うような行為です。そこでは海の中から自分で魚を見つける能動性がありません。その点において、板書を写すことはアクティブではありません。先生がつかまえてきた魚をいくらたくさんそろえても、魚の捕り方は学べません。

一方、メモのほうは、相手の話から自分なりにセレクトしたものを書きつけていく作業です。大海に網を投げ入れて、魚を捕るイメージと言ってもいいでしょう。良い網を持っていれば、良い魚が捕れます。**いらないものが入ってこないような良い網を持っていることが、優れたメモ力ということです。**

相手は、重要ではないことや雑談をするかもしれません。その中で大事だと思われる魚やこれだけは逃がしてはいけないという魚を自分で見つけて捕る網を持っていればいいのです。

[板書を写すのとメモは違う]

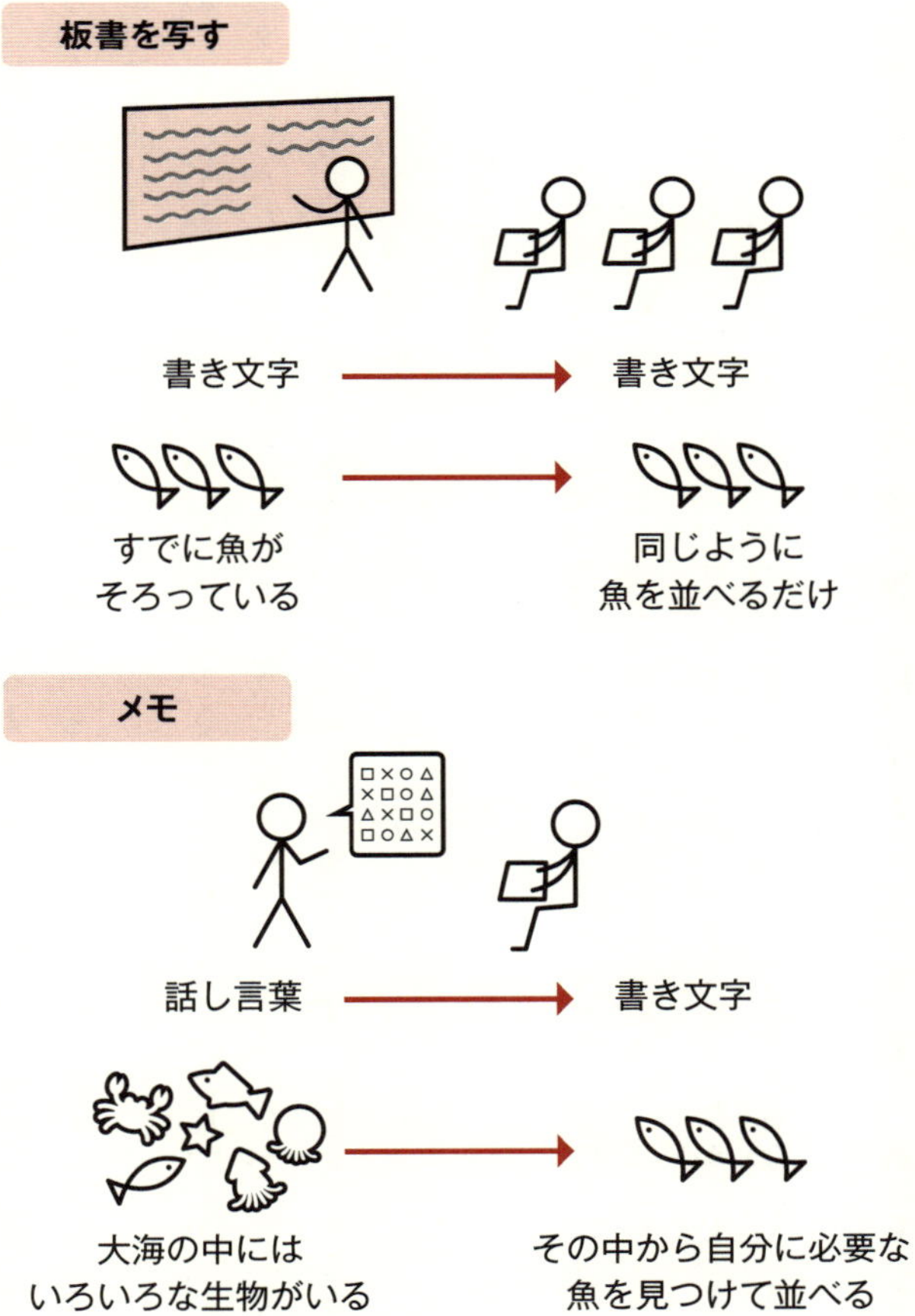
板書を写す
書き文字
書き文字
すでに魚が
そろっている
同じように
魚を並べるだけ
メモ
□×○△
×□○△
△×□○
□○△×
話し言葉
書き文字
大海の中には
いろいろな生物がいる
その中から自分に必要な
魚を見つけて並べる

ときには相手の雑談が記憶を助けることがありますので、雑談のどこかを切り取ってメモすることもあります。これは「記憶のよすが」というもので、それを頼りに肝心なことが思い出せます。

「ああ、あそこであんなことを言ったな。あのときの空気感はこうだったな」とか「あのときは楽しかったな」など、いろいろなことを思い出すのです。そうした「記憶のよすが」になる自分だけのオリジナルなものがメモにおける言葉であって、板書を写すことにはそうしたものはありません。

†10のうち3くらいをメモする感覚で

相手の話をメモするときは、話のすべてを記録する必要はありません。私たちは速記者ではありませんから、話されていることのすべてをペーストする必要はないのです。

それに、メモすることに必死になってずっと顔を下に向けたままだと、何か感じが悪い人だと思われることもあります。人がせっかく話しているのに、その人を見ないというのはよくありません。

相手の言葉を逐一書いていたら、顔を見る余裕がなくなってしまいます。**話している言**

［10のうち3をメモする感覚で］

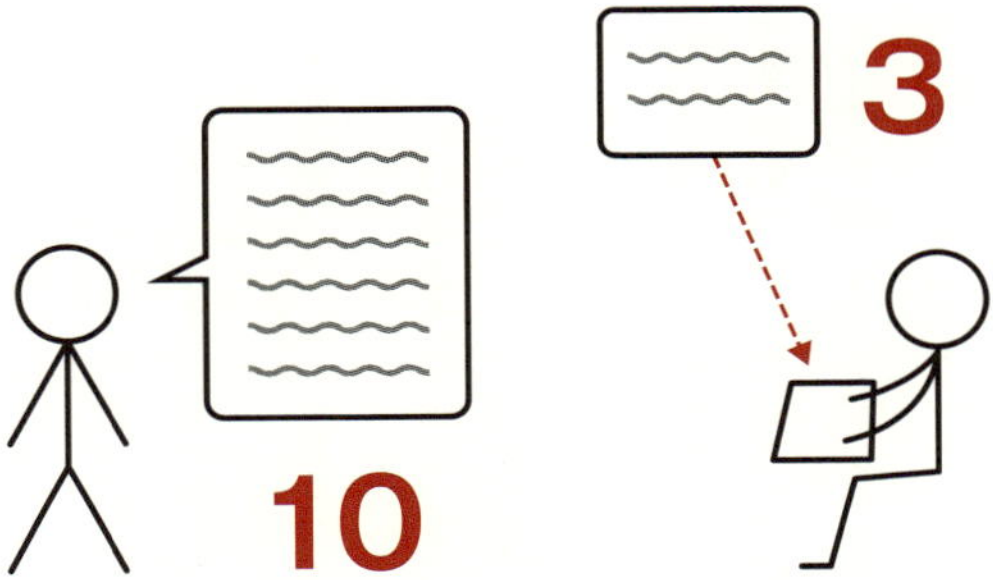

相手の言葉の量が10なら、
そのうち3くらいを目途にメモをする

葉の量が一〇だとすると、三ぐらいをメモする感覚をめざしましょう。あとでちゃんと思い返せるなら、一〇分の一でもいいと思います。

あまりにメモの分量が少なすぎると、思い返せないことがあるので、そこは適宜、自分のペースで工夫してください。

メモ力の初心者のうちは、メモを取ることにほとんどのエネルギーが取られてしまうかもしれませんが、ある程度慣れてきたら、少し自分の脳みそにスペースをあけられるといいでしょう。

自分の脳の能力を、すべて聞いて写すことに費やしてしまうと、相手から「何か質問は？」と聞かれたとき、「質問まで考えていませんでした」となってしまいます。

一〇のうち三ぐらい、あるいは一だけ書いただけでも思い返せるようになれば、かなり余裕が生じますから、今度は自分が聞くべき内容、質問や話すべきコメントを一緒にメモできるようになります。目ざすのはその地点です。

†キーワードを箇条書きにして、番号をつける

メモ力をつける大事なポイントは、キーワードやキーセンテンスをメモするということです。聞いたことすべてを書くのではなく、一〇分の三くらいをめざして書くと、必然的に大事なことだけをメモしていくことになります。

はじめのうちは的外れのキーワードをメモしてしまうかもしれませんが、慣れてくると大事な言葉や引っかかりがある言葉を見つけるのが上手になってきます。

キーワードやキーセンテンスをメモしたら、箇条書きにすることをおすすめします。メモは箇条書きにするのをくせにしてしまうのがいいでしょう。

「1、何々。2、何々」というように、算用数字で番号を打っていくと、話に区切りがついていきます。

［最初は箇条書きにする］

○

1. A4紙と
   3色ボールペンを用意
2. 手で書く
3. スマホ、PCはNG
4. 板書写し ≠ メモ
5. ………
6. ………

↑ **ひと目でわかる**

×

A4紙と3色ボールペンを用意して、手で書くことが大切。スマホやPCは遊んでいると思われるからダメ。板書写しはメモではないから………

↑ **要点がわかりにくい**

箇条書きにするくせをつけていくと、相手がずるずるつながって話していても、どんどん区切って聞くくせがついてきます。区切りがつかない話のときでも、無理やりにでも区切って、番号をつけてメモするくせをつけていけば、あとで見返したときに、話の内容が一目でわかって、ひじょうに便利です。

とくに仕事の現場で、上司が指示を出すときなど、部下が箇条書きでメモにして残してくれているととても助かります。そういう秘書が横にいてくれたら、指示が的確になるでしょう。

大統領や経営者などのトップリーダーには、だいたいそういう人材が付いています。彼らは自分で文字を書いていたらきりがないので、区切りなくどんどんしゃべります。部下がそのポイントを箇条書きにしてメモに取り、指示を伝える。そういう優秀な部下がいれば、トップの仕事もひじょうにやりやすいのです。

†講演会のメモは話の順番に番号をふる

講演会で話を聞くときも、箇条書きでメモしておくことをおすすめします。1、2、3という番号は重要な順ではなく、たんに話の順番でいいのです。

「ここで話が変わったな」というときに2という番号を書き、重要だと思われる言葉やセンテンスを書いておきます。また違う話に移ったら、3という番号を書き、重要なことを書いていきます。

そうやってメモを取れば、30とか50くらいまで番号がいって、「ずいぶん話のポイントがあったな」ということになります。

私が講演会をやるときは、みんながメモを取っているわけではないので、聞いている人の興味が続くように、話をいろいろ散らしています。そこでちゃんとメモを取ってくれている人がいれば、一時間半の講演で、五〇以上のポイントがあることがわかるでしょう。

メモを取っていない人にはそういうことがわからず、「あっという間の一時間半だったな」という感じで終わってしまいます。

しかしメモを取った人であれば、「今日の話には五〇以上のポイントがあった」というように、数をあげてポイントを示すことができます。**話に何個のポイントがあったのか言えるというのは、とても大切なことです。**

キーワードやキーセンテンスを箇条書きにして、順番に番号をふっておく。たったそれだけのことで、「今日の講演は五〇くらいポイントがあったけど、とくに重要だったのはこれとこれだったね」と長い講演会の内容を簡潔にまとめて話せるので、「なんてデキる人なんだ」と評価があがるのは間違いありません。

†番号の上に重要なキーワードを書き出しておく

なお、参考までに私がやっていたやり方をご紹介しておきましょう。私の場合、とても重要だと思ったキーワードが出てきたときは、箇条書きにメモした番号の上（余白がなければ横でもいいです）に、そのキーワードを抜き出して書いておきます。

そうするとあとでメモを見たときに、キーワードだけが、二個とか三個、飛び出して見

[講演会を聞くときのメモ術]

話の順番に1，2，3……と番号をふってメモしていく

1. 先日、京都に行った
2. 外国人が増えていた
3. 日本をめぐる経済状況
4. 輸出産業は苦しい
5. 観光産業に将来性はあるか？
6. ………
7. ………

⋮

50. ………

漠然と聞いていると、なんとなく時間が過ぎてしまう。
時系列にメモするだけでも、話の内容が定着する

［箇条書きの横にキーワードを抜き書きする］

1. 先日、京都に行った
2. 外国人が増えていた　← 中国人多い、なぜ？
3. 日本をめぐる経済状況　← 少子化
4. 輸出産業は苦しい　← トヨタ
5. 観光産業に将来性はあるか？
6. ………
7. ………

えます。「コミュニケーション」「質問力」「具体性」などというキーワードを拾っていけば、「ああ、そうそう、コミュニケーションを培うには、具体的な質問をすればいいんだ」と思い出せて、講演会のポイントが即座に要約できます。

†時間管理は手帳にメモするかどうかにかかっている

メモ力とはちょっと離れますが、初心者にぜひ伝えておきたいことがあります。学生もそうですが、社会人になると、時間管理がひじょうに重要になります。時間管理術というのは、手帳にいかにうまく約束の時間をメモするかにかかっていると言ってもいいでしょう。手帳術はメモ力とはまた別の領域になりますが、ついでに覚えておいても損はありません。

私は**手帳に約束の時間を記すとき、必ず決められた時間より少し早めの時間を書いておく**習慣にしています。こうすることで遅刻を防いでいるのです。

というのも、私はかつては札付きの遅刻常習者だったからです。とにかく時間ギリギリまで寝ていたい。一分でも長く寝ていたいと思う人間だったので、最後はいつも全速力で走るはめになっていました。それでもかまわないから一分でも長く寝ていたかったのです。

ところが、社会人になって何年かすると、それではすまされないことがしばしば起きてしまいました。時間に遅れると、当然ですが、周囲からは白い目で見られます。それに、自分自身がいつもハラハラしています。

電車に乗っても間に合うかどうか、ずっと時計を気にしたり、イライラしたりして精神的によくありません。なぜもっと早く現地に着こうとしなかったのか。早く行けば、近くのカフェでゆっくりお茶でも飲みながら、資料に目を通せたではないか。なぜおまえはギリギリまで寝ていようとするのか！

だんだん自己嫌悪におちいってきて、なんだかいろいろなことが嫌になってくるほどでした。

なぜこんなに遅刻魔だったのかというと、もともと私はギリギリまで寝ていても、何とか仕事に間に合ってしまうという成功体験を積んでいたからです。それが災いして、「いざとなれば何とかなる」と思ってしまうから、時間にルーズになったわけです。

ですから私は、自分にきつくこう言い聞かせることにしました。

「たとえ仕事ができても遅刻はダメなんだ」

プロスポーツの世界では一度でも遅刻をすると、実力があってもレギュラーからはずされることがあるそうです。

イチローですら目ざまし時計を二つかけて、遅刻しないように準備しています。目ざましを二つかけるのは、万一電池切れで鳴らなかったときの用心のためだそうです。

あのイチローでも遅刻しないように気をつけているのに、なぜおまえは遅刻しても大丈夫だと思うのか、と自分に活を入れ、何度も何度も自分を叱りつけて、ようやく遅刻常習者から脱却することができました。

時間を守るようになると、遅刻するストレスがいかに大きかったかがわかります。遅刻するのと時間通りに行くのと、どちらのストレスが小さいかと言われたら、圧倒的に時間通りに行くほうが安らかにすごせます。

これがわかってからというもの、私は絶対遅刻しないために、十分余裕を持った時間を手帳に書いておくようになりました。そうすれば何かが起きても、間に合います。講演会などは、本当は五分前くらいに現地に着いても間に合うのですが、先方から三〇分前に来てください、と言われれば、それに従って三〇分前に到着します。

三〇分早く着いても、楽屋でテレビを見ているしかないのですが、それでも先方からの指示通り三〇分前に着いていれば、遅刻する危険はまったくなくなります。そのほうが人生は平穏にすごせるというわけです。

約束した時間を必ず手帳にメモする。そしてできればその時間はギリギリではなく、余裕を持ったものにする。これは人が社会で生きていく上での基本中の基本だと思います。

†スケジュール管理はチェックボックスをつくる

時間管理と並んで重要なのがスケジュール管理です。これもメモ力とはちょっとはずれますが、社会人の基本中の基本ですので、ここでふれておきます。

仕事を始めると、やるべきことがたくさん出てきます。これらを空で覚えておこうというのは無謀のひと言につきます。やるべきこと、すなわち自分のスケジュールは手帳にメモするのが常識です。

私は手帳にその日のTo Doリストを書き出し、チェックボックスをつけるようにしています。そしてやったものにはチェックを入れていきます。

以前は、To Doリストを書き出すだけで、チェックリストはもうけていなかったのですが、これだとやるべきことを列挙した直後は覚えていても、そのうち忘れてしまいます。**チェックボックスをもうけておけば、そこが空欄だと、まだやっていないことがはっきりわかって、漏れが防げます。**

チェックボックスをもうけるようになってから、私の場合は仕事上のリスクが激減しました。私は昔から事務的な作業がとことん苦手で、やるべきことが三つあったら、たいてい一つはやり損ねてしまうというルーズな人間でした。

たった一枚の書類を提出するため、あるいは書類のどこか一カ所に判子を押すためだけに、もう一度大学へ行くなどということがしょっちゅうだったのです。

でもチェックボックスを手帳に書くようになってから、大学に二度行くことがなくなりました。

重要な用事はなかなか忘れませんが、ちょっとしたことは頭から飛んでしまうことが多いので、チェックボックスはとても大切です。

先日は、月末のハロウィンのときに授業がありました。「ハロウィンだから、仮装くらいしてあげようかな」と思い、事前に股旅セットを購入していました。

三度笠と道中雨合羽と日本刀がセットになったものを用意していたのですが、それを三一日のハロウィンの日に「股旅セット」と書いてチェックボックスをつくっておきました。

こうすれば、三一日に股旅セットを忘れることはありません。もしこの日に忘れたら、丸一年、股旅セットがわが家のクローゼットに無駄に転がっていることになるでしょう。それでは何の意味もありません。

そういうことが起きないよう、チェックボックスをつくって手帳に書いておくのは、スケジュール管理術としてとても大切なことです。

ちなみに、仕事の現場ではこのチェックボックスを活用しているところがたくさんあります。お客さんと契約するときに、契約事項をちゃんと確認したか、ひとつひとつ相手にチェックしてサインをもらうのはよくあります。

説明もれがあったり、あとで「聞いていない」と言われたりというトラブルになるので、全部説明し終わったあとで、相手に確認をとるわけです。「この項目にちゃんとご自分で

[チェックボックスをつくる]

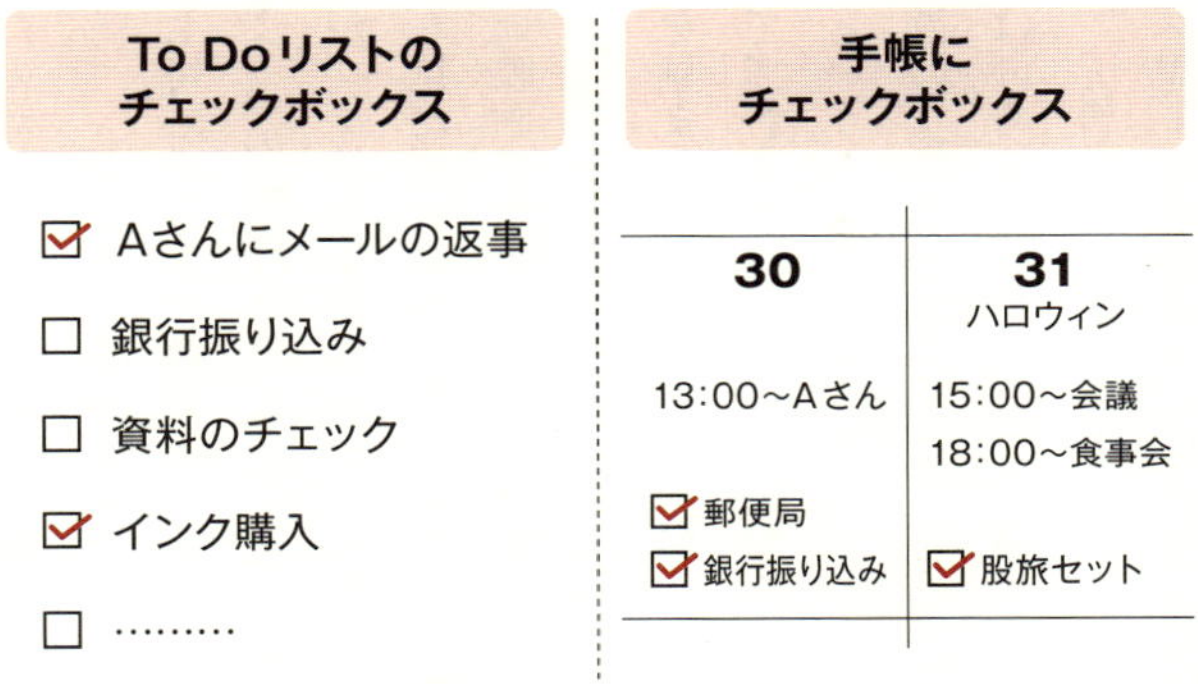

やるべきことを書いてチェックボックスを作り、
チェックを入れておくと忘れない

チェックされていますよね」と言われれば、相手も「そういえばチェックしたな」と思い出せます。チェックシートをつくるのは、仕事上のミスをなくすために大変重要なことです。

†すでに起きたことも書いておく

スケジュール管理の延長として、**手帳にはすでに起きたことを書いておくのもおすすめです。**どんなテレビを見たとか、スポーツの試合結果は何対何だったとか、事後的にどんどん書き入れていくと、手帳が記録帳のようになっていきます。

私は映画を録画して、一日一本は見るようにしているのですが、いつ何の映画を見たのか、あとで思い出せないことがよくあります。というのも録画した映画の場合、見たらすぐ消してしまうものが多いからです。

消してしまうと、跡形もなくなってしまい、タイトルもわからなくなってしまいます。「おすすめの映画は何ですか?」と聞かれても、「いやあ、ものすごくたくさん見ているんですが、タイトルが思い出せない……」ということになります。

でも見た映画のタイトルを手帳に書き留めておけば、パラッと見て「ああ、これとこれはいい映画ですよ」と自信を持って言えます。

先日もスウェーデンの『ピュア　純潔』(リサ・ラングセット監督・二〇一〇年)という映画を見ました。あまり品行がよくない若い女性が主人公です。彼女は何とか仕事をゲットして、音楽ホールの受付になります。そこである指揮者を好きになるのですが、捨てられるというあら筋です。

主役の女優さん(アリシア・ヴィキャンデル)の演技がとても上手で、感動ものでした。彼女はのちにハリウッドで活躍するようになりますが、これについても手帳に『ピュア　純潔』と書いておかないと忘れてしまいます。

メジャーな映画ではないので、思い出すきっかけがありません。でも手帳に書いておけば記録になるし、手帳を見るたび思い出すので、自分の記憶にも残ります。

人から「おすすめの映画はありますか？」と聞かれたら、「『ピュア』という映画、おすすめですよ」とさっと言えます。

こんなふうに、経験したことを頭に刻むのではなく、手帳に書き残しておくのがいいでしょう。**感動したり、おすすめだと思ったものにはニコニコマークを書いておいてもいいと思います。**『ピュア』というタイトルの横にニコニコマークが書いてあると、すごくめでたい感じがします。

私の場合、自分の好きな選手が試合に勝ったり、優勝したときも、「祝・大坂なおみBNPパリバオープン初優勝！」のように記してあって、大きな花丸がしてあります。めでたいことをどんどん書いておくので、〝めでたい手帳〟のようになって、手帳を開くだけで明るい気持ちになります。

面白いコメントや言葉を聞いたときも、忘れずに手帳に書いておきます。大学で学生が面白いギャグを言ったり、仕事の打合せで「これは！」と思う言葉を聞くと、すぐに手帳にメモするのです。

この間はNHKの『にほんごであそぼ』の打合せで、美輪明宏さんから昔の面白い言葉

[“めでたい”手帳をつくろう]

19	20	21
13:00～会合 18:00～講演会	9:30～講義 13:00～事務仕事	14:00～打合せ
大坂なおみ BNP パリバオープン優勝	『ピュア』(^O^)	美輪さん 「いいとこ床屋の 縁の下」

予定だけでなく、起きたことも手帳に記録しておく。
特に、うれしいことを花丸で入れておくと、
“めでたい”手帳になる

を聞きました。「どこに行くの？」と聞かれて、「いいとこ行く」と返事をするだけでは面白くないので、昔は「いいとこ床屋の縁の下でぃ！」というように付け足し言葉で答えたそうです。

　予定だけしか書かれていないと、その人と会ったという記録しか残りません。でもそのときの話の内容や面白い言葉を書きつけておくと、「あのときはあの話題で盛り上がったな」「あの言葉で感動したっけ」ということが、わざわざ日記をつけなくてもよみがえってきます。

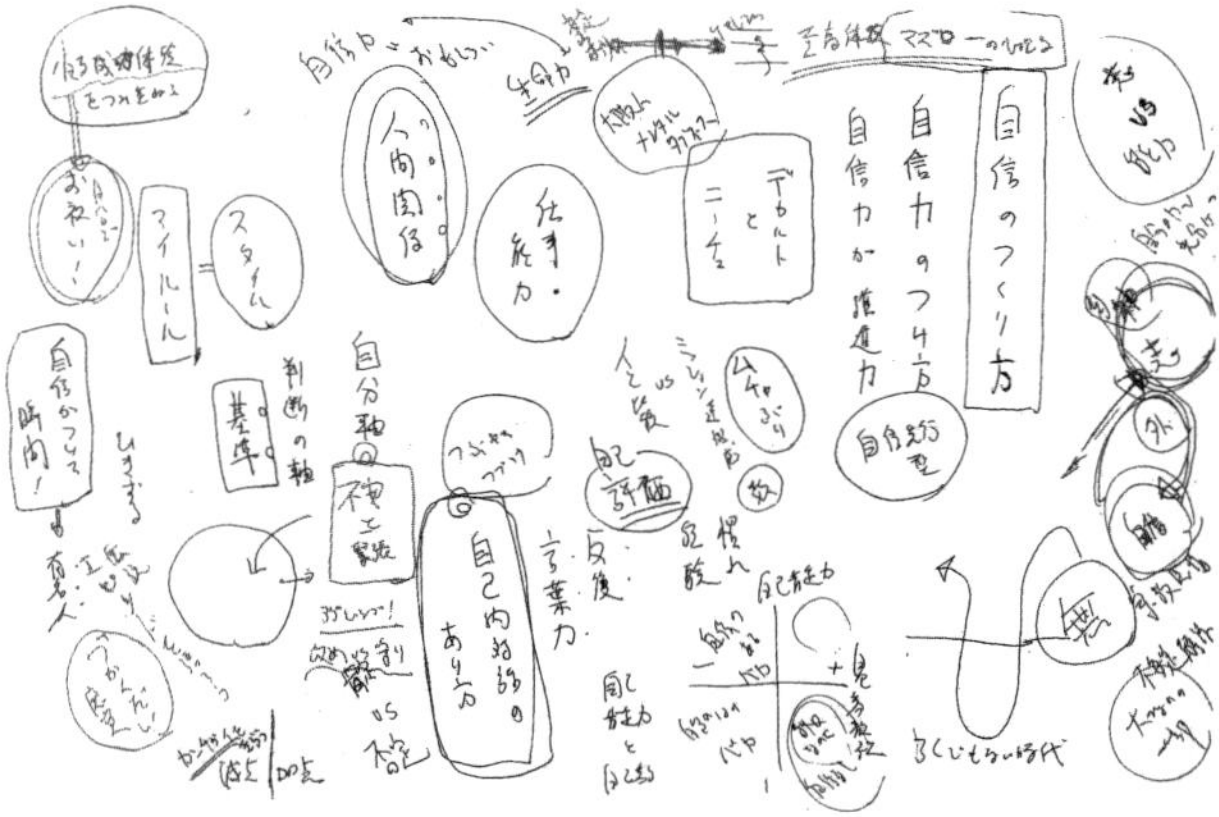

第三章

「守りのメモ力」から「攻めのメモ力」へ

著者の企画を考えた時のメモ

†「自分ならどうする」を緑色で書いていく

メモを取ることにある程度慣れてきたら、相手の話だけでなく、「自分ならどうする」ということを一緒に書き込む習慣をつけましょう。

相手の言葉をそのままメモするのが「守りのメモ力」だとしたら、「自分ならどうする」を書き込むのは、「攻めのメモ力」と言えます。この本では最終的に「鬼のメモ力」を身につけようとしているわけですから、「守りのメモ力」→「攻めのメモ力」へのステップアップは必須の通り道です。

「守りのメモ力」がメモ力初心者だとすると、「攻めのメモ力」は中級者のメモ力です。

メモ力初心者のうちは、相手の話をメモするのでせいいっぱいですが、メモが習慣になっていくと、少し頭にスペースが生まれます。そんなとき、すかさず**「自分ならどうする」「自分ならこう思う」「ここはどうなんだろう？」など、思ったこと、感じたことも一緒にメモっておくのです。**

すると、「聞く」だけのメモから、自分自身の考えやアイデアを深める中級者のメモ、すなわち攻めのメモ力に変化していきます。これがさらに進化すると、新しい価値を生み出す「クリエイティブなメモ力」、すなわちこの本でいう「鬼のメモ力」になっていくわけです。

なお、自分の感想やコメント、質問を書き込むときは緑色で書いていくと、区別がはっきりします。メモ力初心者が用意すべきものの中に、緑色を含む三色または四色のボールペンが入っているのはこのためです。

私は、以前より「三色ボールペン活用法」を提唱しています。文章を読んでいて、ひっかかりがあるところは、すべて、赤、青、緑で線を引いたり、囲ったり、自分の文章を書き込んだりするのです。三色の意味は次の通りです。

（1）赤　ひじょうに重要だと思うところ
（2）青　まあまあ重要だと思うところ
（3）緑　自分が興味を引いたり、面白いと思ったところ

私は本でも教科書でも資料でも、とにかく印刷されたものは、すべて三色で色わけして線を引いていくことにしています。こうすると、一目で重要なところや関心のあるところがわかる自分なりのテキストができあがります。

メモを取るときも、この三色の概念を導入するわけです。

[守りのメモ力から攻めのメモ力へ]

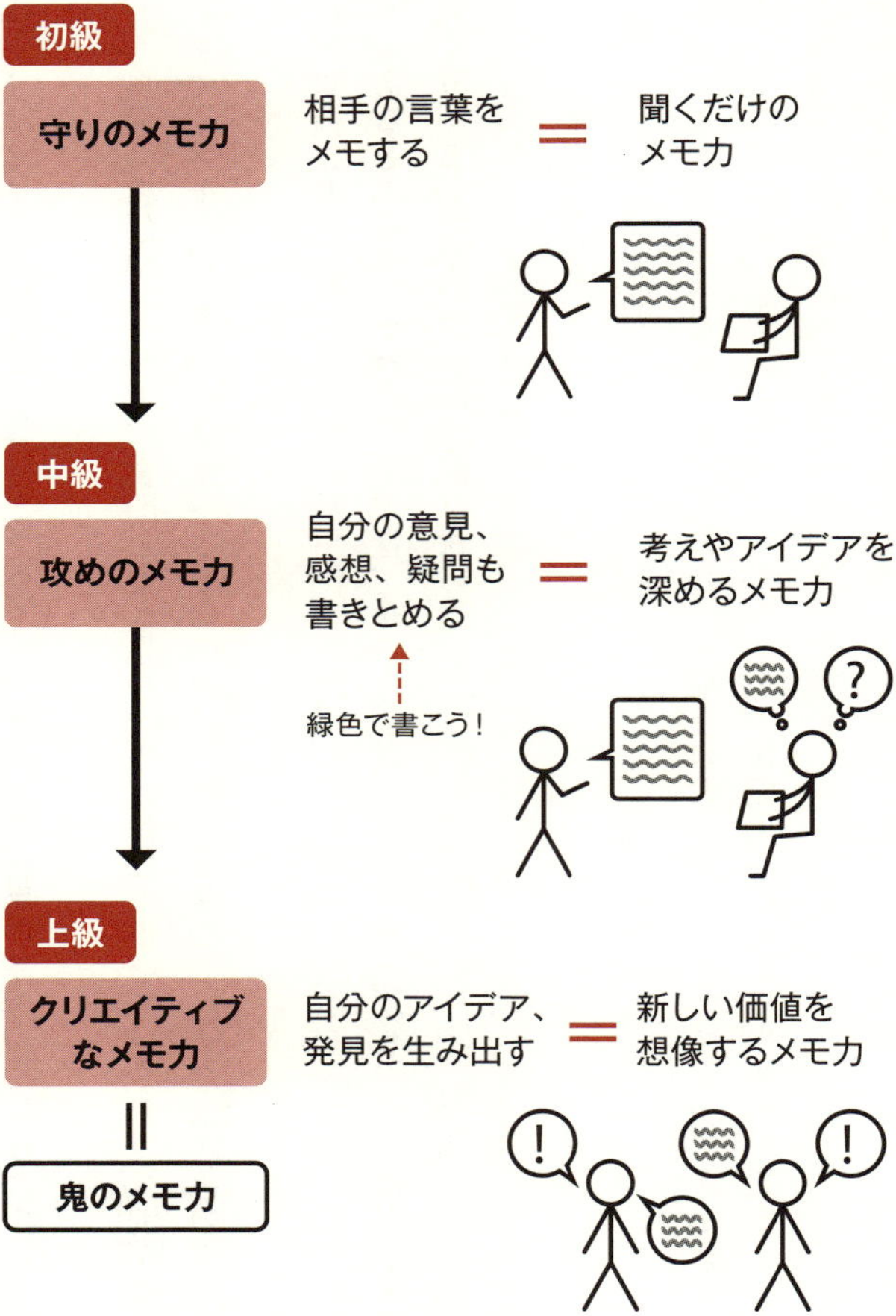
初級
守りのメモ力
相手の言葉をメモする
＝
聞くだけのメモ力
中級
攻めのメモ力
自分の意見、感想、疑問も書きとめる
＝
考えやアイデアを深めるメモ力
緑色で書こう！
上級
クリエイティブなメモ力
自分のアイデア、発見を生み出す
＝
新しい価値を想像するメモ力
＝
鬼のメモ力
?
!
!

ただし初心者の場合は、メモを取りながら三色の色分けをしていくのは難しいでしょうから、まずは緑色だけを使います。自分の感想や質問、コメントなど、メモを取りながら気付いたことを緑で書いていくわけです。

こうすれば、相手の話と自分の気づきがはっきり分かれているので、意見や質問を聞かれたときにすぐに返事が返せます。

たとえば、上司が部下に「金融商品について、こういう変更があった」という指示を出していたとしましょう。五人の部下が聞いていたとすると、社会人であれば、五人ともメモを取るのが常識です。

しかし、たんに上司が指示した金融商品の変更点だけをメモした部下は「守りのメモ力」しか持ち合わせていません。「お客さんに伝えるには、こう伝えよう」とか、「あのお客さんには、すぐに伝えなきゃ」と顧客の名前をメモした人は、デキる部下です。

そのとき**緑色でメモできれば、自分がやるべきことが一目でわかる**のですから、ひじょうに有能な部下と言えます。

私の場合、三色または四色のボールペンを三、四本はカバンの中に入れて持ち歩いています。なぜなら、一本だといざというとき出てこないことがあるからです。また一色のイ

[攻めのメモ力の例]

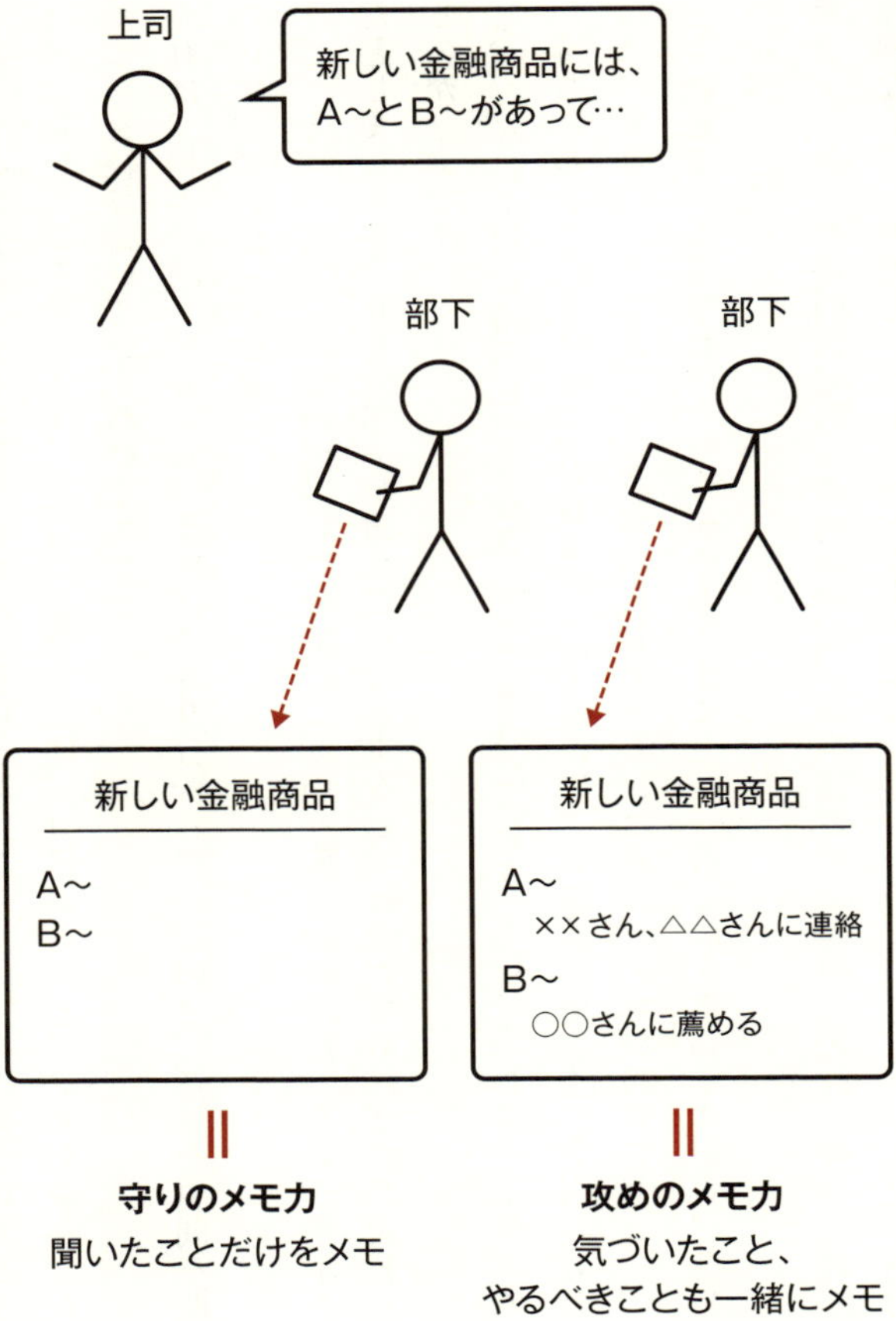
上司
新しい金融商品には、
A～とB～があって…
部下
部下
新しい金融商品
A～
B～
新しい金融商品
A～
××さん、△△さんに連絡
B～
○○さんに薦める
||
守りのメモ力
聞いたことだけをメモ
||
攻めのメモ力
気づいたこと、
やるべきことも一緒にメモ

ンクが切れても、ほかのボールペンがあるので安心です。

手帳にはさむボールペンも二、三本用意しています。これだけあれば、どんな状況でもだいたい大丈夫です。ボールペンを一本だけしか持ち歩かない人は、メモ力がちょっと弱い気がします。

いまは赤・黒・青・緑の四色にシャープペンまでついている便利なものも出ています。何か聞いたり、思いついたりしたときに、サッとメモできるように、三色、四色ボールペンは肌身離さず持ち歩きましょう。

†会議資料をオリジナルのメモに変える

ボールペンを使った色分けは、会議で資料が配られたときにも使えます。資料が渡されると、私はその資料にババッと目を通して、**キーワードと思われるものに赤で丸をしていきます。するとこれがメモ代わりになるのです。**

私は、メモというのは文字で書いたものだけを言うのではないと思います。書かれているものに丸をつけるのもメモの一種です。

資料について説明が始まったら、それを聞きながら、大事な要点やキーワードにはどんどん赤丸をしていきます。

そして自分が疑問に思ったことや自分の考えを、緑色のボールペンで書き込んでいきます。赤いボールペンで丸をつけることで、相手の言葉を十分に受け止める守りのメモ力の構えができます。

さらに緑色で自分を関わらせるのですから、守りのメモ力から攻めのメモ力へ会議の資料が進化していくわけです。

資料の説明がひと通り終わったあと、「ちょっとここが疑問なんですけど」と質問すれば、人の話をひじょうによく聞いていることになります。「何か質問はありますか」と聞かれて、「とくにないです」と言うのは、ちょっとまぬけな印象があります。

とくに海外から来た人の場合、一〇分から二〇分おきに「質問はないですか」と聞くことがあります。何か話していて、しばらくたつと"Any question?"みたいな感じで聞いてきます。

そういうとき質問できると、「この人は話をちゃんと聞いていたんだな」と思われます。

読者のみなさんも、これからは英語の資料を読んだり、英語で会議をする機会に遭遇するかもしれません。そういうときはメモしながら質問も書き込んで、話を聞くのを常識にしておきましょう。

とくに英語で話された内容は、日本語よりさらに記憶することが難しいものです。英語はどんどん流れてしまって、なかなか脳に定着しません。

自分が質問すべき内容を緑色で英語で書いておいて、クエスチョンマークをつけておく習慣を身につけましょう。そうすれば、海外の人から"Any question?"と聞かれても、即座に反応できます。

自分で書くものに色をつけることで、メリハリのあるメモをめざしてください。

本にメモを書き込んで読書ノートにする

読書をするときも同様に、本にどんどん書き込んでいくと、本が読書ノートのようになり、自分のものとして定着します。

今の学生は本を汚さずに読む人が多いのですが、それでは頭に入りません。私は「本にメモしよう」と積極的に呼びかけています。

たとえばキーワードを赤丸で囲ったり、重要な部分には赤や青で線を引きます。また疑問に思うところや自分の意見は、緑色で本に書き込んでいくのです。

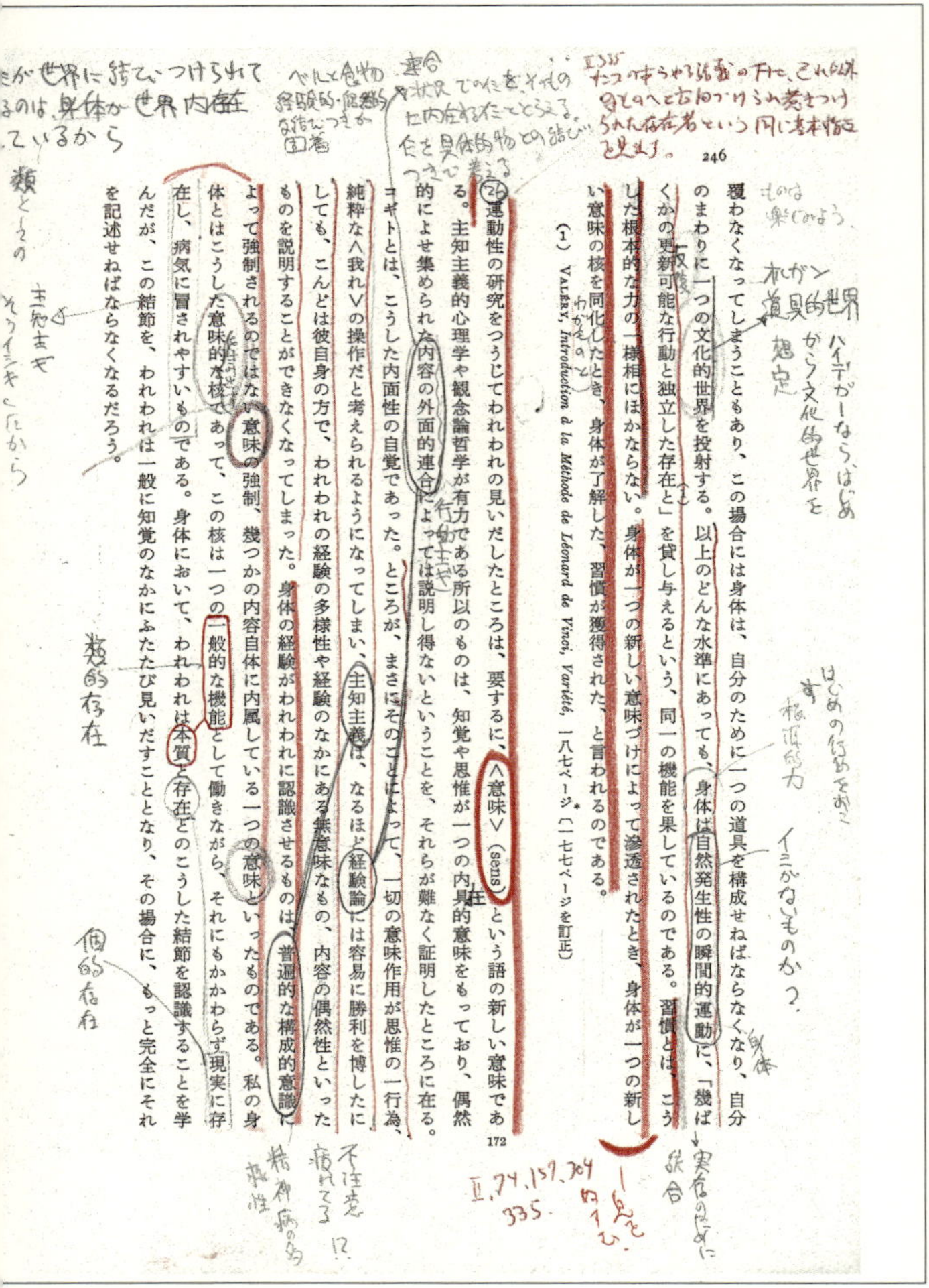

246

覆わなくなってしまうこともあり、この場合には身体は、自分のために一つの道具を構成せねばならなくなり、自分のまわりに一つの文化的世界を投射する。以上のどんな水準にあっても、身体は自然発生性の瞬間的運動に、「幾ばくかの更新可能な行動と独立した存在と」を貸し与えるという、同一の機能を果しているのである。習慣とは、こうした根本的な力の一様相にほかならない。身体が一つの新しい意味づけによって滲透されたとき、身体が一つの新しい意味の核を同化したとき、身体が了解した、習慣が獲得された、と言われるのである。

(1) VALÉRY, *Introduction à la Méthode de Léonard de Vinci, Variété*, 一八七ページ* [一七七ページを訂正]

運動性の研究をつうじてわれわれの見いだしたところは、要するに、〈意味〉(sens)という語の新しい意味である。主知主義的心理学や観念論哲学が有力である所以のものは、知覚や思惟が一つの内具的意味をもっており、偶然的によせ集められた内容の外面的連合によっては説明し得ないということを、それらが難なく証明したところに在る。コギトとは、こうした内面性の自覚であった。ところが、まさにそのことによって、一切の意味作用が思惟の一行為、純粋な〈我れ〉の操作だと考えられるようになってしまい、主知主義は、なるほど経験論には容易に勝利を博したにしても、こんどは彼自身の方で、われわれの経験の多様性や経験のなかにある無意味なもの、内容の偶然性といったものを説明することができなくなってしまった。身体の経験がわれわれに認識させるものは、普遍的な構成的意識によって強制されるのではない意味の強制、幾つかの内容自体に内属している一つの意味といったものである。私の身体とはこうした意味的な核であって、この核は一つの一般的な機能として働きながら、それにもかかわらず現実に存在し、病気に冒されやすいものである。身体において、われわれは本質と存在とのこうした結節を認識することを学んだが、この結節を、われわれは一般に知覚のなかにふたたび見いだすこととなり、その場合に、もっと完全にそれを記述せねばならなくなるだろう。

172

んだ著者の本]

IV 自己の身体の綜合

身体空間性の分析をつうじて、われわれはもっと一般化し得るような諸帰結にまで導かれてきた。すなわち、われわれはじめて、自己の身体に関連して、一切の知覚物にたいして妥当する事柄――空間の知覚と物の知覚、物の空間性とその物としての存在とは二つの別の問題ではないということを、確認するのである。尤も、デカルトとカントとの〔主知主義的〕哲学の伝統もまた、すでにこのことをわれわれに教えている。すなわち、この哲学伝統もまた、空間的諸規定をもって対象の本質となし、部分外部分（partes extra partes）の存在、空間的拡がりのなかに、即自存在の唯一の可能な意味を示したのである。けれども、この哲学伝統が対象の知覚を空間の知覚でもって解明したのにたいして、自己の身体の経験の方は、逆に空間の根拠を存在のなかに求めることをわれわれに教えている。なるほど主知主義は、〈物のモチーフ〉と〈空間のモチーフ〉[1]とが相交錯することをよく見せてくれたが、しかし前者を後者に還元してしまったのである。〔これに反して〕経験は、身体がけっきょくはそのなかに座を占めるようになる客観的な空間の下に、さらに始元的な空間性を啓示してみせ、この空間性は身体の存在そのものと合一しており、客観的空間性も実はこの空間性の外皮にすぎないことを示してくれるのだ。既述したように、身体であるとは或る世界に結び合されていることであり、われわれの身体は、そもそもは空間のなかに在るのではなくて、空間にぞくしているのである。自分の腕のことをまるで長く冷たい〈蛇〉のようだと語る疾病失認症患者[2]も、厳密に言えば、腕の客観的輪郭を認めていないわけではなく、その患者が自分の腕を探して見つけられなかったり、それが何処かに行ってしま

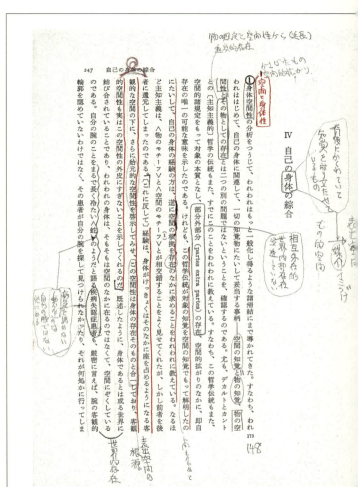

[メモを書き込

本の最初のページにはタイトルだけが書いてあって、余白がたくさんあるので、そこに自分が感じたことを緑色で書き入れることもあります。ちょっとしたことでも、そこに書きつけるだけで、忘れづらくなります。

最後に日付を書いておくと、これだけで立派な読書ノートになります。読書ノートをわざわざ別につくるのは面倒ですが、本自体を読書ノートにしてしまえば、手間がかかりません。

私が授業で話したり、学生たちと一緒に本を読んだりしたときの経験で言うと、ほかの人の意見もそこに書いておいたほうがいいと思います。

たとえば授業で一〇人が「自分の印象に残ったところ」を引用したとすると、一〇カ所の引用に線が引かれます。そこに名前を書き込んでいくと、「あの人はここが面白いと思ったんだ」ということがわかって、人にも本にもますます関心が出てきます。

先日、私は中学生に中勘助の『銀の匙』の授業をしました。そのとき、生徒たちに文中のオノマトペ（擬声語、擬態語）を探すよう指示しました。

『銀の匙』には「先生の白髪まじりの髪の毛がばらばらと風にふかれるのばかり眺めていた」とか「眼まぐるしいのできょときょととして」とか「おどおどして顔もあげずに」とか

「両足をぶらぶらさせながら」という言葉が多いので、そうしたものを子どもたちに探させたわけです。

そして全員に「それぞれの言葉に線を引いて、その言葉をあげた人の名前を横にメモして置こうね」と言いました。すると「ああ、あの子がこの言葉を見つけたんだ」ということがメモに残るので、あとで見返したときにちょっと懐かしいと思います。

とにかく、**本や資料を自分のものにするためにメモ力を活用すると、考えるヒントになります。**手書きのほうが頭に入りやすいので、本や資料など他人がつくって印刷されたものには、自分でメモを書き入れて、どんどん自分のものにしていくことをおすすめします。

手書きのメモで思い出しましたが、黒柳徹子さんは『徹子の部屋』で自分が書いた赤字のメモを何枚もテーブルに広げてお話をされます。私も二回ほど出させていただいたことがありますが、二回とも徹子さんはちゃんと赤字のメモをつくって、それを見ながら進行されていました。

徹子さんといえば、いかにもぶっつけ本番のライヴ感を出して話を進めるので、何も準備がないと思ってしまうかもしれません。でも『徹子の部屋』では御自分できちんと準備してメモをつくり、それに基づいて番組を進めていらっしゃることがわかります。

私の経験でも、番組スタッフがつくった台本や進行表などに沿って進行するのは安定しやすいけれども、どこか自分の外側に指示がある感じがします。所々に、自分自身の文字でメモをしてあると、自分の内側から言葉が出てくる感じがします。

手書きのメモを使うことで、自分なりの色が出てきます。

†話しながらメモを取るダブルタスク技を身につける

私はテレビなどで自分がMC的に質問する側に立つことがあります。そんなときは、自分で話しながら、話題についての感想や考え、次の質問を軽くメモしています。そうすると、話が途切れることなく進みます。ゲストがいるときは、相手の話や話題自体の行き詰まりを防ぐことができます。

話の途中で聞きたいことが出てきても、そのつどちゃんとメモしておかないと、話がどんどん流れてしまって、聞きたいことが何だったのか忘れてしまいます。せっかくの会話の中で、質問があったのに忘れてしまうのはもったいないことです。

コミュニケーションはテニスのラリーのように言葉がやりとりされ、どんどん深まっていくのが理想です。相手から来た球をスルーしてしまうのは問題外ですが、球をただ受けるだけだと、打つほうもつまらなくなってしまいます。
球を受けた上で、さらに角度をつけて返すことができれば、試合は白熱して面白くなります。

これをメモ力に置き換えてみると、球を受けるだけが守りのメモ力であり、変化をつけて返せるのが攻めのメモ力だと言えます。自分が発した言葉をきちんと受け止めて、さらに角度がついた質問やコメントが返ってくれば、会話は盛り上がり、途切れることがありません。

ですから私はテレビに出るときは、対話をしながらメモをして、聞きたいことや自分のコメントを書き込むようにしています。

話しながらメモするので、メモと対話という二つの行為を同時に進めることになります。これはちょっと練習が必要ですが、慣れるとふつうにできるようになります。

友達と雑談しているときなど、メモを取りながら話す練習をしてみるといいでしょう。

同時並行で二つの作業をするのは、脳の活性化にもなりますので、「メモ＋会話」のダブルタスクの能力を身につけておくのはぜひおすすめです。

話しながらメモるというのも、中級者が身につけたい技のひとつです。

［話しながらメモするダブルタスク技を身につけよう］

話を受けるだけだと、
一方向になる

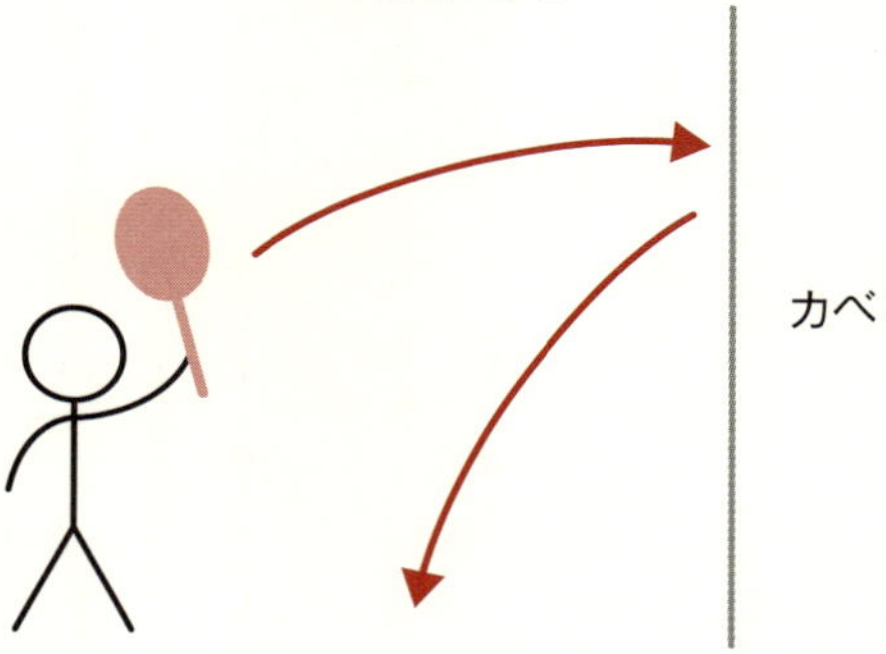

メモをとって質問やコメントなど
角度のある返答をすると、ラリーがおもしろい

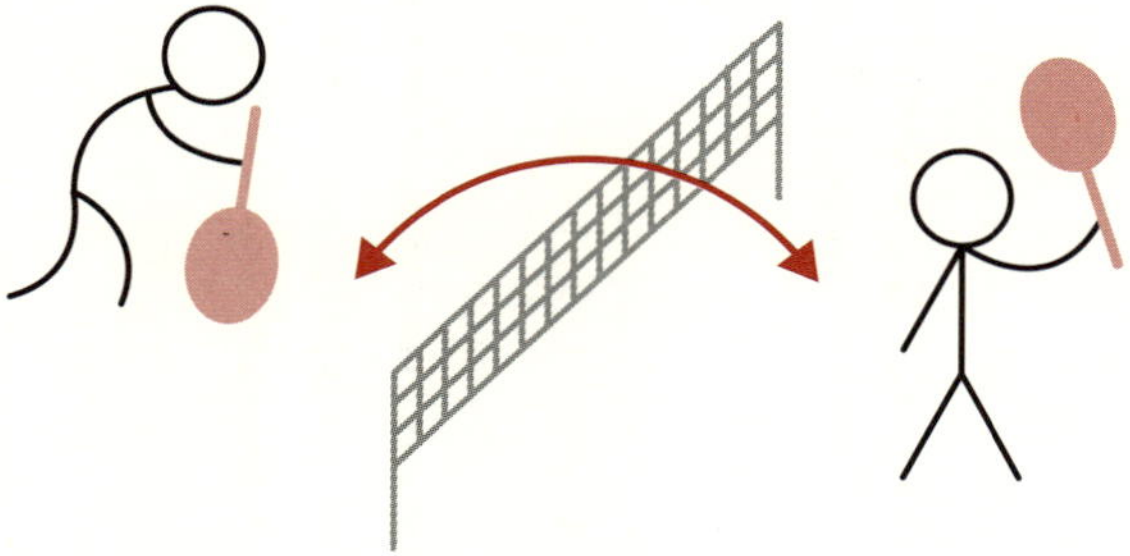

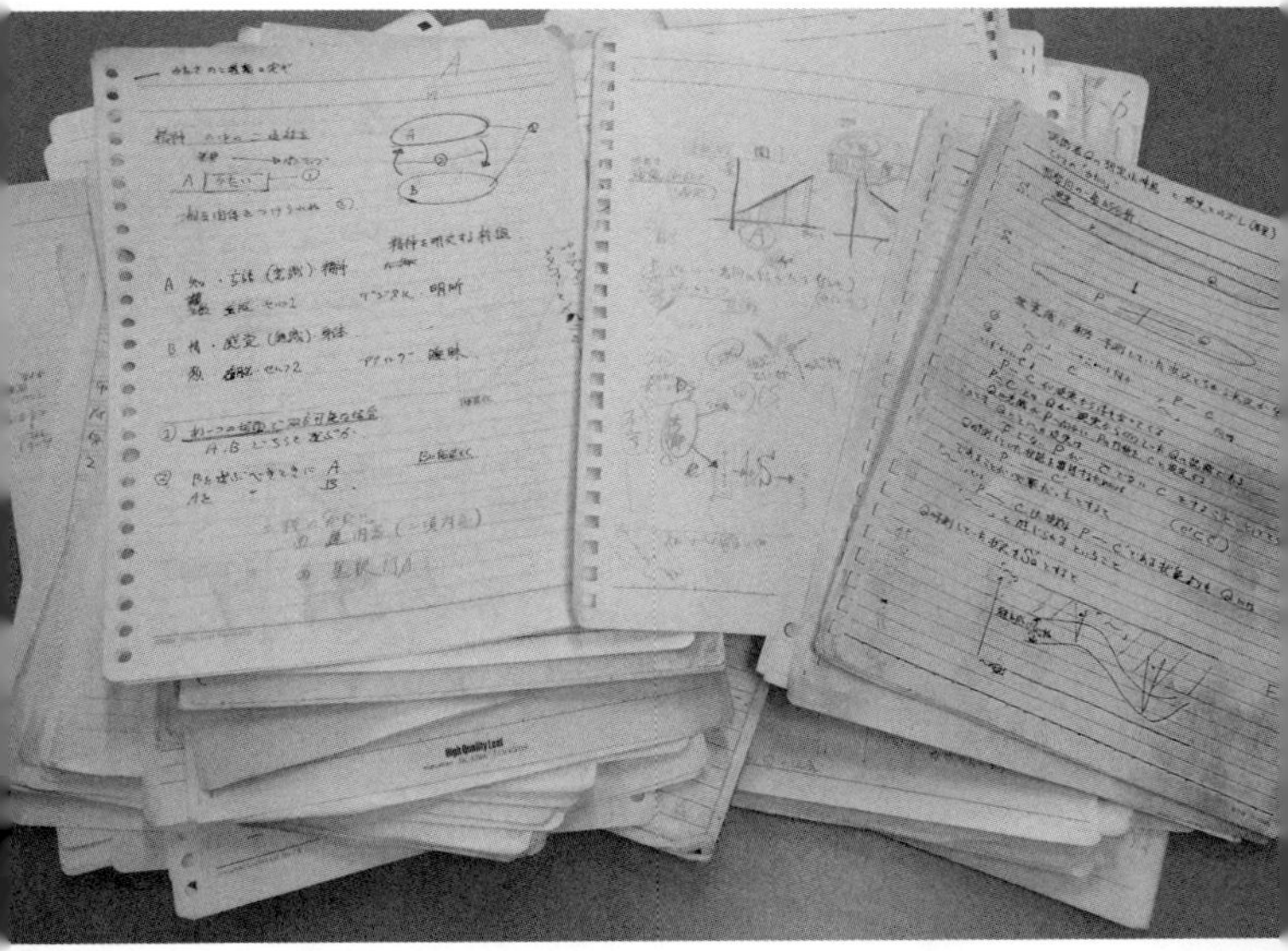

第四章
クリエイティブなメモ力を習得しよう

著者の論文を書くためのメモ群

†メモの半分は緑色をめざす

上級者であるクリエイティブなメモ力とは何かというと、そのメモから新しい発想や考えが創造されるものです。

上級者ともなると、正確に伝達したり、仕事のミスを防ぐのは当たり前のことで、そこから新しい価値が生み出されなければ、クリエイティブとは言えません。

多くの発明をしたエジソンやアインシュタイン、ダ・ヴィンチのメモがまさにクリエイティブなものになります。実際にそこから何かが生み出されるようなクリエイティブなメモ力の究極を、この本では「鬼のメモ力」と命名したわけですが、その地点をめざすためにどうしたらいいかをこの章では学んでいきます。

クリエイティブな領域に入るためには、メモを取る事柄に対して自分自身を深く関わらせなければなりません。**クリエイティブなメモ力とは、言葉を変えると、そのことに自分を関わらせて聞くことができる力のことです。**

三色の色分けでいうと、緑色のメモが多ければ多いほど、自分が関わっている部分が多くなります。

私は大学でときどき学生に「メモを見せて」と言って、ノートを見せてもらうことがあります。すると自分の発想や疑問が何ひとつ書かれていない人がいます。私はそういう学生に遠慮なくこう言うことにしています。

「メモは自分の考えや疑問を進化させるために取るんですよ。自分だったらどうする、ということを書いておかないともったいないですね」

みなさんも、もしクリエイティブなメモ力をめざすのなら、メモの半分は緑色になるくらいの勢いで書いていくのがいいでしょう。

たいていの人は、メモを取ったあと「で、君はどう考えるの?」「君はこれについて何かアイデアがありますか?」という質問を予測していません。ただ漠然とメモを取ってしまいます。これでは「鬼のメモ力」は身につきません。

私も昔はぼんやりとメモを取っていましたが、テレビに出て、コメントを求められるようになってからは緑色の部分がないと、とてもではありませんが、番組の早い展開についていけないことがわかりました。

メインキャスターからは、矢つぎ早に「で、これについてどうですか」と質問が来ます。そんなとき「えー、そうですねぇ……」と言いながらあわてて考えているのでは、かっこうがつきません。

どんな話題をふられても大丈夫、という前提でそこに出演しているわけですから「えっ？　ちょっと待ってくださいね。えーと」と考える時間を稼ぐのは、役割をまっとうできていない、すなわちギャラ泥棒と同じことになります。

ですから人が話しているときや自分がしゃべりながらでもメモを取り、自分のコメントの中核になりそうなアイデアを緑色で書くようにしています。

みなさんも自分がテレビに出るコメンテーターになったつもりで、つねにコメントを求められる立場だと仮定してメモを取るといいでしょう。

そうすれば、メモの中で緑色の部分が増えていきます。「で、君はどう思うの？」と聞かれても、０・５秒でパッと的確な内容が答えられるようになるでしょう。

慣れてきたら、**緑色の質問やコメントに優先順位をつけていくと、なお完璧です。**「①これは絶対に言う」「②時間があったら言う」というように順位をつけて、箇条書きにしておきます。すると時間がなくても①だけは言えるし、もう少し時間があれば②も言えます。

メモがあるからこそ、間違えずにポイントを話すことができるのです。その場の思いつきで言ってしまうと、どこかの政治家のように失言して、あとで大変なことにもなりかねません。緑色でメモを取っておけば、「これは言っても大丈夫だけれど、こっちは言ったら危険だな」と取捨選択ができます。

†自分の質問だけを書いていく究極のメモ術

メモの半分は緑色になることをめざしても、なかなかそこまで行かないという人がいます。そういうとき、クリエイティブなメモ力を鍛える究極の奥の手があります。

それが相手の言葉はいっさい書かずに、自分が触発されたことや質問だけでメモを取っていく方法です。

これは、メモを取るという一見受け身的な行為を、クリエイティブなものに劇的に変えるための一番簡単な方法です。

私は以前、ある鼎談で「はやぶさ」プロジェクトを指揮した川口淳一郎先生とご一緒したことがあります。「はやぶさ」は七年がかりで小惑星イトカワの地表の微粒子を地球に持ち帰ったことで有名になりました。

微粒子の入ったカプセルを無事オーストラリアの砂漠に落下させ、自らは燃えつきた感動的な場面に興奮された方も多かったのではないでしょうか。

私との鼎談で、川口先生は次のような話をされていました。

科学者はいろいろなことを疑問に思うのが仕事ですが、疑問に思ったことだけが書かれた本はまったく出版されていません。それは、これらの疑問こそが科学者の生命線だからだそうです。

「はやぶさ」プロジェクトには、いろいろなアイデアや疑問点がありました。イトカワに行くにはどうすればいいのか。燃料はどうするのか。イトカワ周辺の宇宙はどうなっているのか。

こういった数えきれないほどの疑問をアメリカのNASAに見られたら、プロジェクトは大変なことになるそうです。NASAのほうが圧倒的に資金がありますから、あっという間にアイデアを盗まれて、先を越されてしまうのだそうです。

科学者や研究者にとってはアイデアがすべてで、疑問こそが命です。まずは問題提起があって、それに対して問題を解決することが技術になります。疑問が生命線なら、それが書かれたメモは宝です。

「自分で考えること」がクリエイティブな営みだとするならば、自分がどんな疑問を持つのかがクリエイティブの最初のスタートになります。

いつも疑問を大切にして、疑問や質問をメモする習慣を身につけておくと、課題に対する解決策をいつも自分の頭で考えられるようになってきます。人の話を聞いているときでも、自分の頭が働き出すでしょう。それがクリエイティブなメモ力の効力です。

メモを取っても、相手の話を聞き取ることに注意が向かってしまって、どうしても緑色の部分が増えない！　というときは、思い切って、**自分の質問や疑問だけを書いていく「緑色だけのメモ」をつくってみてはどうでしょう。これはひじょうに効果があります。**

というのも、私自身がそれを試してみたことがあるからです。ふつうはメモというのは相手の話を正確に書き留めようとするものです。

でも私は思い切って相手の言葉はいっさいメモせず、そこから生まれた自分の言葉だけをメモするということをやってみました。

要するに、自分から生まれた質問やコメントだけをメモしたわけです。するととても頭が刺激されて、新しい発想や角度のあるコメントがどんどん生まれました。

ひじょうにアクティブでクリエイティブなメモになったと思います。みなさんも、だまされたと思ってぜひ試してみてください。質問だけのメモのおそるべき効力に、びっくりされると思います。

†ビジョンを〝見える化〟するのに最適な図化メモ

エジソンのメモは、図やイラストが多いのが特徴です。おそらくエジソンは他人とコミュニケーションするのが、かなり難しい人だったのではないかと思います。そのため、「何となくこういうものがほしい」「こんなアイデアで行けるんじゃないか」といったとき、図に書きながら、他人と考えを共有していったのでしょう。

頭の中のビジョンをイラストや図で表現したメモこそが、もっともクリエイティブなものだと思います。レオナルド・ダ・ヴィンチ、エジソン、アインシュタインにつらなる〝メモ強者〟になるには、彼らが残した図化のメモを参考にするといいでしょう。

やり方としては、Ａ４ぐらいの大きさの紙にどんどん図を書いていくといいと思います。あとでそれらをすべて見返すわけではありませんが、メモで図化しているときは、頭が活性化しています。

それらを整理したり、人にわかるようにまとめるのはあとでパソコンで丁寧にやればいいので、とにかく図化しているときは自分の感じるままにどんどん書き進めてください。

「無」から「有」が出てくる瞬間を見逃さないことです。

「今までなかったものがこの瞬間生まれた」「今初めてこういうことになった」と思った瞬間にメモをして、大魚を逃さないことです。

そしてA4の紙に書きなぐったものは、テーマごとにクリアファイルに入れてまとめておくといいでしょう。それらの図を見ながら、「全体の構成はこうなって、こんなふうな順番でこうやっていきます」とまとめていくと、立派な企画書が書けます。

とにかく**頭の中にあるものを図にしていくのは、頭を活性化するのにとても効果的です。**ふだんパソコンで文字を打ってばかりいる人は、特にA4用紙の裏紙にばんばん図やイラストを書いていくと、自分の能力が目覚めてくる感じが味わえると思います。

図化の基本「AB法」をやってみよう

図化に慣れていない人でも、コツをつかめば簡単に図で表現できるようになります。誰でもできる基本のコツは「AB法」です。

これは人の話を聞くとき、つねにAとBに分けてメモするやり方です。ほとんどの人は「否定したいこと」と「肯定したいこと」があるから、ものをしゃべります。そのふたつを把握しておけばほぼ間違いありません。

「この人が批判しようとしているのはAで、本当に主張しようとするのはBなんだ」という構図がわかれば、枝葉の話がたくさんあっても、混乱することはありません。

私は東大入試の現代文の解説本を書いたときに、「人の主張の中に見られる好き嫌いを見分けよう」ということを書きました。これはAB法のことを言ったわけです。

難しい文章でも、たいていどこかに（多くは最初に）好き嫌いや価値判断に関わることが書かれています。そう考えると、**ほぼすべての話はA・Bの軸で整理できる**と思って間違いないでしょう。まれにABにプラスしてCの要素が加わることがありますが、せいぜいそれくらいでしょう。

図化をしていると、全体を俯瞰して考えられるようになります。というのも図化するためには、全体の構造を把握し、全体像をつかまえる力がないとできないからです。

相手が言ったことを逐一メモする速記者に「図を書け」と言っても、その人は全然違う脳の使い方をしているので、混乱すると思います。「メモと図を同時に書くことはできない」と言うでしょう。

速記者のようにすべてを写すのではなく、AとBに要素を分けて、構造をつかんでいくと、「ああ、人の話は全部図にできるんだな」ということがわかります。
構造としてはこうです。

（1）A対B
（2）AかつB
（3）AまたはB

A・Bにわけてメモするくせがついていると、マルクスの『共産党宣言』やマックス・ウェーバーの『職業としての政治』といった古典的名著を渡されても、さっと図にできます。

†矢印で話を追っていく「矢印法」は接続詞がカギに

AB法以外にも、図化に適したやり方があります。それは矢印で話の展開を追っていく方法です。

ABのおおまかな構図をつかみにくい話のときは、矢印で話をまとめていくだけでも、全体が俯瞰しやすくなります。

たとえば、日本の能を完成させた世阿弥が弟子に対して「子々孫々にこの秘伝を伝え

［図化の基本「AB法」］

人の話をＡとＢに分けて対比させる

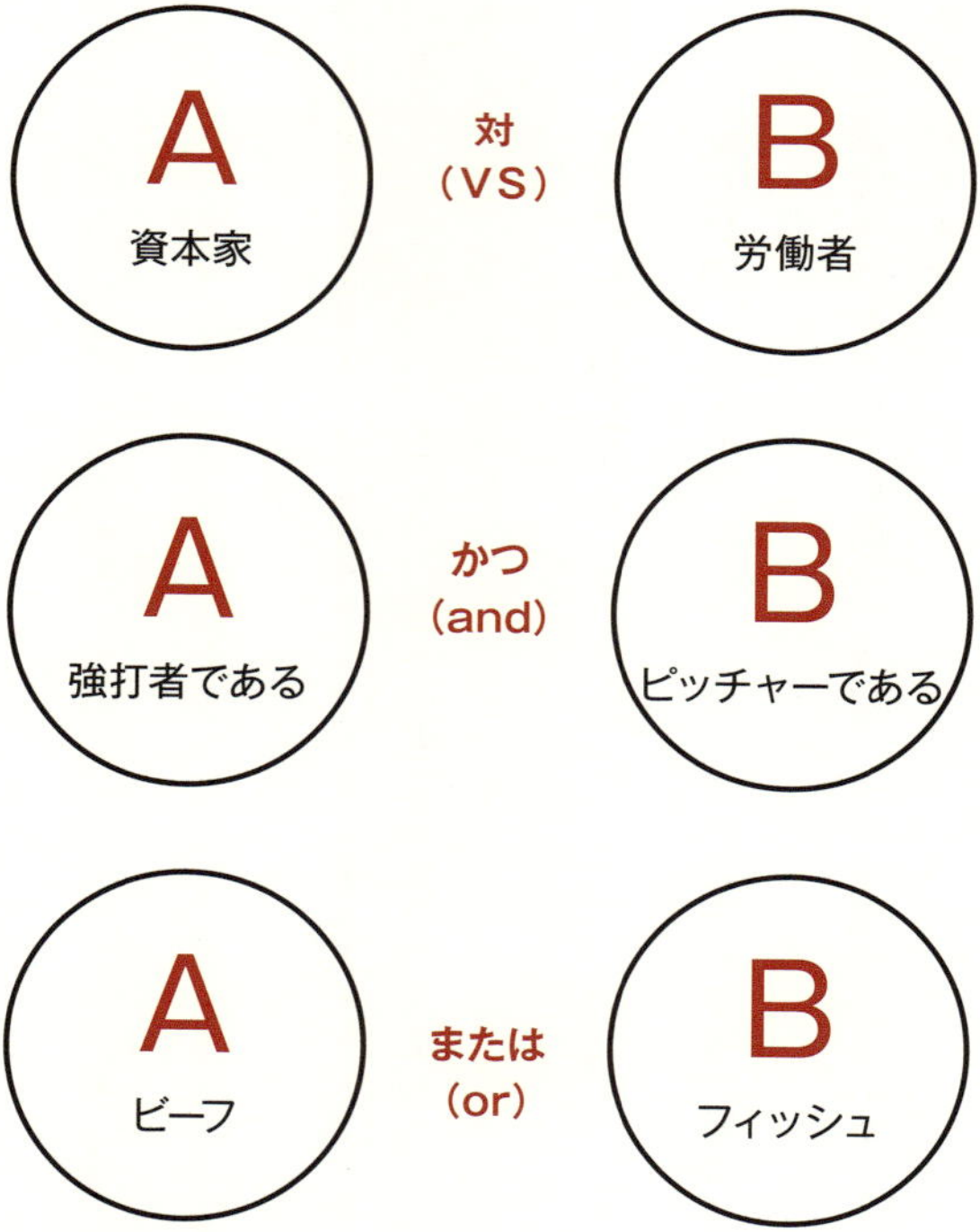

最初は人の話を「肯定したいこと」
「否定したいこと」の２つに分けるのが簡単である

よ」と言ったとします。内容は『風姿花伝』に書かれていますが、まだこの書物がなかったとき、口伝で伝えられた弟子はどうしたでしょうか。みなさんも弟子になったつもりで、メモを考えてみましょう。

まず世阿弥が言う「花」には、「珍しきもの」という意味が込められています。花は素晴らしいものですが、それだけでなく、「珍しい」としたところに、世阿弥の着眼点があります。

そして花は珍しいから、一度に見せると飽きられてしまいます。客商売ですから飽きられてはいけません。すると少しずつ見せたほうがいい、ということになって、「秘すれば花」の奥義につながるわけです。

これを、矢印法のメモにまとめてみるとこうなります。

> 花は珍しい。
> ↓
> 一度に見せると飽きられる。
> ↓

少しずつ見せたほうがいい。
←
秘すれば花＝能の奥義

矢印法だと、話したことを順番に矢印でつないでいけばいいので、やり方としては簡単です。

しかし、**ただ矢印でつないで羅列しただけだと、全体の構図がつかめません。ポイントは、矢印のところに接続詞をあてはめていくのです。**

「しかし」「したがって」「ゆえに」「ところで」など、矢印の部分に接続詞を入れてみましょう。論理展開がひじょうに整理しやすくなります。

『風姿花伝』にあてはめるとこうです。

花は珍しい。
← しかし
一度に見せると飽きられる。

［図化の基本「矢印法」］

マルクスの共産党宣言を
「矢印法」で表すと

原始共産制 ＝ みんなが平等

↓ しかし

生産手段を持つ者（領主、資本家）が持たない者（農民、労働者）を使う社会になる ＝ 階級社会

↓ そして

資本家が労働者を搾取する ＝ 資本主義

↓ だから

労働者が主役、企業を国有化、富を平等に分配すれば、みな平等になる ＝ 共産主義

→で展開を追っていくと、構造がわかりやすい
→のところに、接続詞を入れると論理展開が明らかになる

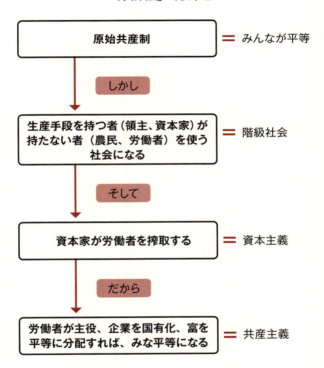

← だから
少しずつ見せたほうがいい。
← ゆえに
奥義は「秘すれば花」である

どうですか。矢印をつかってメモしていくと、難しい能の奥義も一目でわかった気になりますね。

†起承転結のフォーマットにあてはめていく

矢印法に慣れるためには、あらかじめ四角をつくって矢印で下に降りていくフォーマットをつくってもいいでしょう。初めのうちは、その四角に言葉を埋めていく練習をするのです。

ごく簡単な練習としては「起承転結」の四角をつくって埋めていくやり方がおすすめです。日本最古の物語『竹取物語』の話を例にあげてみましょう。

ある日、竹取の翁が竹林に出かけていくと、光輝く竹がありました。竹を切ってみたら、その中に美しく光輝く女の子がいました。

起承転結で言うと、この部分が「起」になります。その女の子が美しい娘に成長し、位の高い貴族や帝からも求婚されるようになりましたが、それを拒絶するために無理難題を条件にします。これが「承」の部分です。

しかし「転」のところで、「実は私は人間ではありません。月に帰らなければなりません」と告白し、みんなが驚きます。

そして最後は月の者が迎えに来て、月に帰っていきます。ここを「結」としてもいいですし、帝がかぐや姫からもらった不死の薬と手紙を使者に渡して、日本で一番高い山・富士山で焼くように命じたというエピローグまでを「結」としてもいいでしょう。

人の話がすべて物語のように起承転結があるとは限りませんが、**三つ四つの要素を矢印で示すくせをつけておくと、話を構造的にとらえる力が身につきます。**『竹取物語』や『浦島太郎』のような昔話で矢印法の起承転結を練習しておくといいでしょう。

さらにメモ力を磨きたかったら、四角に入れる言葉はキーワードだけにしておくといいと思います。『浦島太郎』を例にとると、「起」は亀を助ける場面、「承」は龍宮城に行く

[起承転結のフォーマットをつくろう]

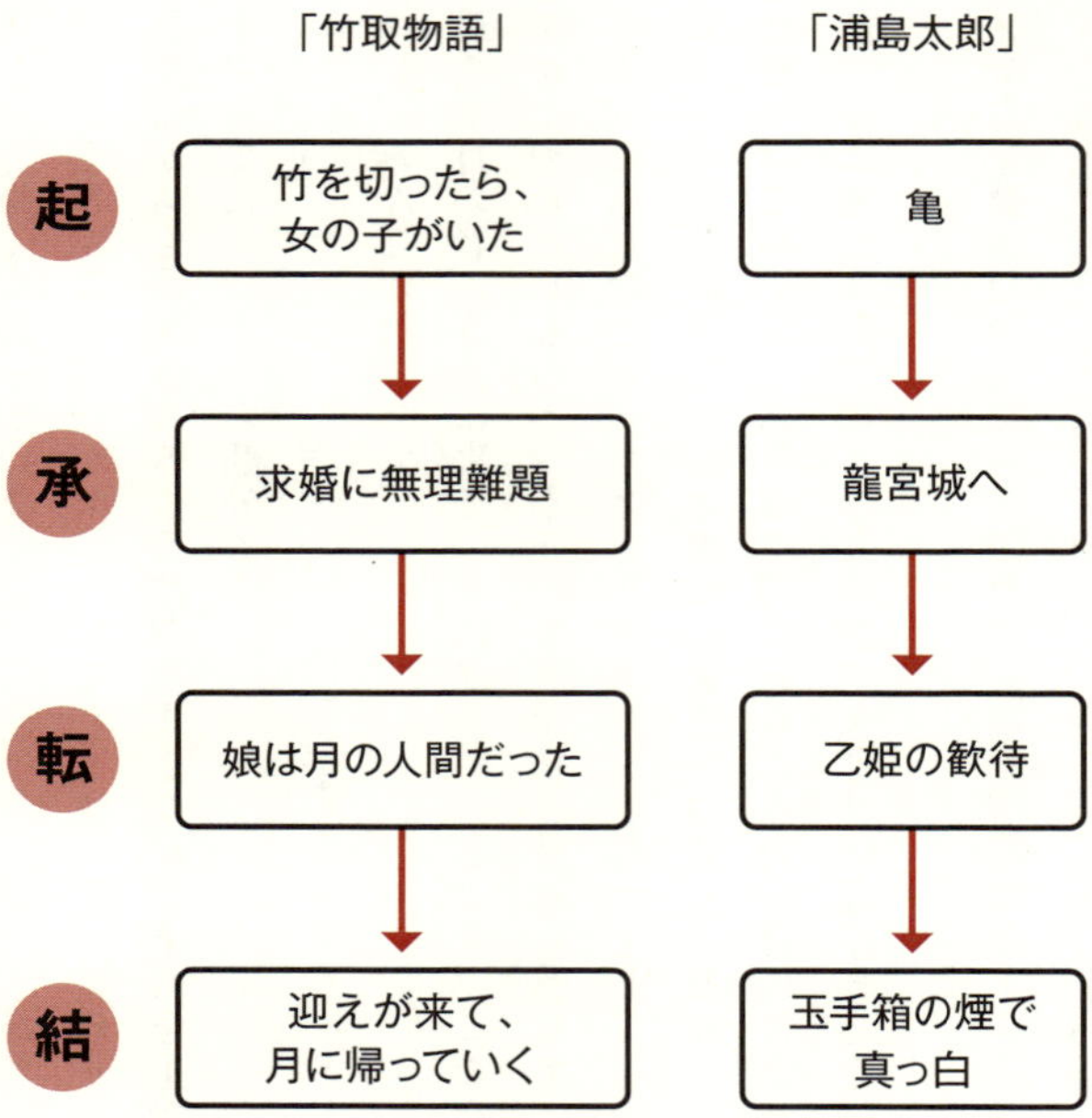

四角をつくって、
この中に要約した言葉を入れていく

ところです。「転」はこの世のものとも思えない乙姫の歓待。「結」はみやげの玉手箱をあけると真っ白な煙が出て、浦島太郎が老人になってしまう場面です。

そこで、キーワードを矢印でつないでいきます。

キーワードを拾っていくだけで、物語の展開が話せます。「鬼のメモ力」を身につけたかったら、人の話を構造的にとらえ、かつポイントを抜き出して、矢印でつないでいく習慣をつけると、ひじょうにクリアに頭が働くようになります。

†人物相関図や配置図で構図をはっきりさせる

話の中で人間関係や配置が複雑な場合は、人物相関図や配置図を書いていく方法もあります。たとえばドストエフスキーの『カラマーゾフの兄弟』は五〇〇〜六〇〇ページの本で三冊になります。これらは全部文字で埋まっているので、みなさんは「うっ！　これを全部最初から読むの？」と腰がひけてしまいます。

しかしこれも**人物相関図を書けば、構造がわかりやすくなります。**基本であるカラマーゾフ家の人物相関図をおさえておいて、これに登場人物を加えていけば、読んでいても迷子にならずにすむでしょう。

[『カラマーゾフの兄弟』の人物相関図]

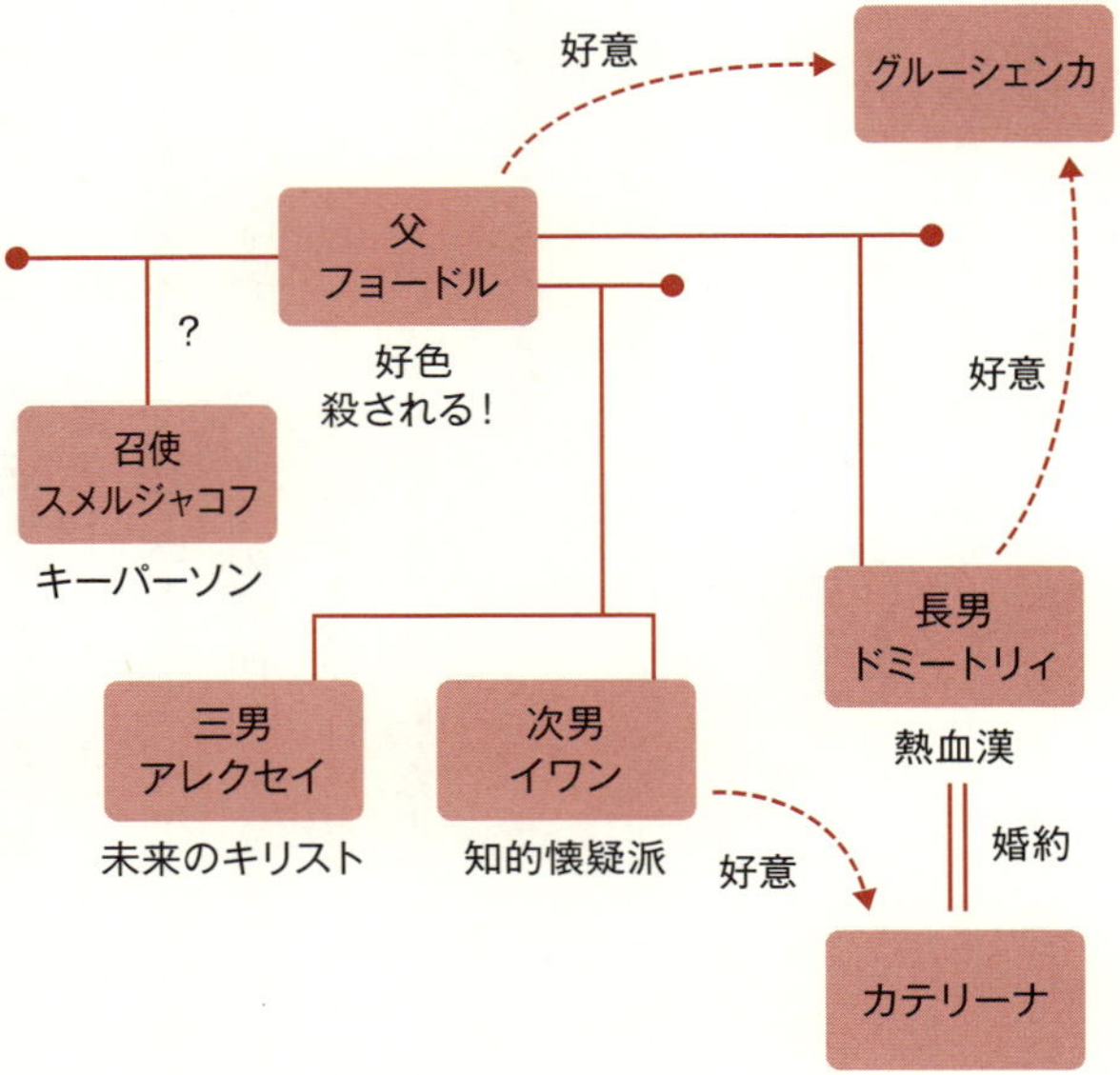

私は大学の授業で、夏目漱石の『こころ』をとりあげたことがあります。A4用紙一枚にまとめてもらうのですが、人物相関図を入れて、上手に図解してきた人の評価がクラスで一番になりました。

国語の授業は時にうねうねしていて、方角を見失ってしまうことがあるのですが、図化することで、もやっとした世界が整理されます。

『こころ』の場合、「私」と「先生」と「K」と「奥さん（お嬢さん）」との人物相関図を書くやり方がひとつあります。「先生」と「奥さん」は結婚するのですが、実は「先生」のワールドには「K」という人がいて、「先生」も「K」も、のちに「先生」の妻となる「お嬢さん」のことが好きなわけです。

結局「K」は死んでしまいます。「私」は「先生」を通して、「先生」や「K」たちの世界を知り、「先生」の生き血を浴びるのです。このような人物相関図を書く方法もありますし、物語を時系列に整理するやり方もあります。

最初に「私」と「先生」のやりとりがあり、次に「先生」と「K」のやりとりがあるというように時系列に図化していってもわかりやすいでしょう。

[夏目漱石『こころ』を図化する]

〈人物相関図〉

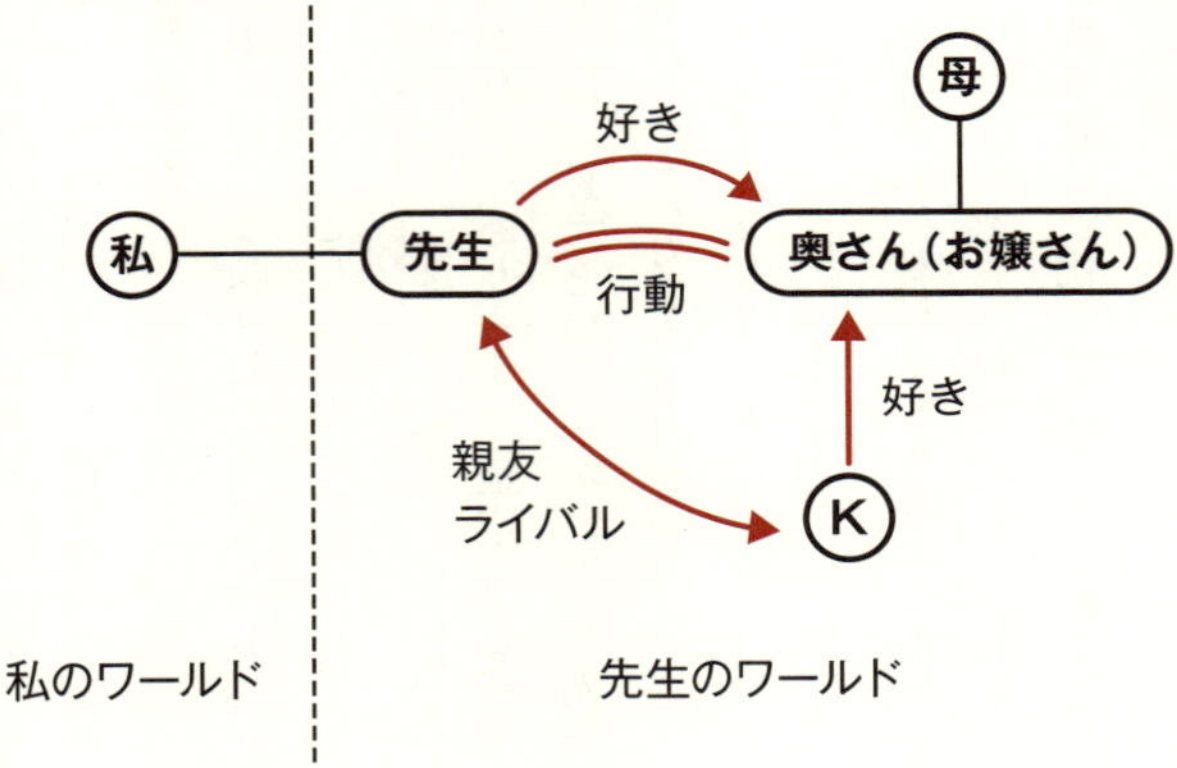

〈時系列の場合〉

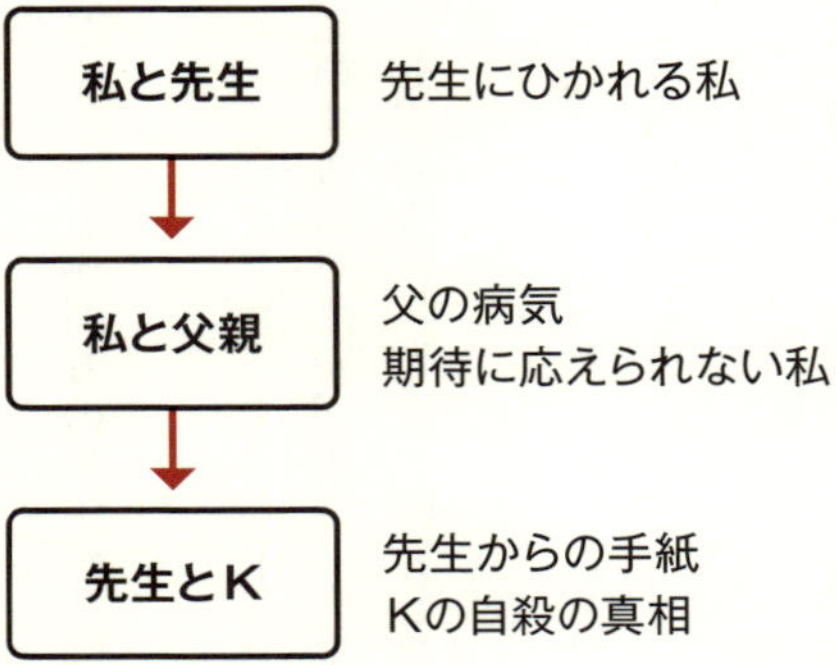

†チャート式参考書のやり方を応用しよう

私が受験勉強をするときによく使ったのは、チャート式と呼ばれる参考書でした。チャート（chart）とは「海図」という意味です。物事の本質を海図のようにシンプルに図化して、構造的にとらえるのがチャート式参考書の特徴です。

文字で説明するかわりに、チャートで説明すると、相手もさっと理解できるでしょう。

私は毎週学生にプリントを一枚持ってきてもらい、それをスクリーンに映し出してプレゼンする授業を行っています。

最初のうち、学生たちは不思議と全部文字で書いてきます。黒一色の細かい文字で書いてくるので、それをスクリーンに写しても、見ている人の頭にはほとんど入ってきません。

しかしだんだんに慣れてくると、図や写真、手書きのイラストが添えられていたり、強調するポイントが大きな赤字になっていたりして、見た瞬間にわかるようになります。

「みなさんが受験勉強で使ったチャート式参考書みたいな感じでまとめてきてください」と言うと、今の学生は理解が早くて、すぐにわかりやすいプレゼンをつくってきます。

[学生がつくった『堕落論』の図化]

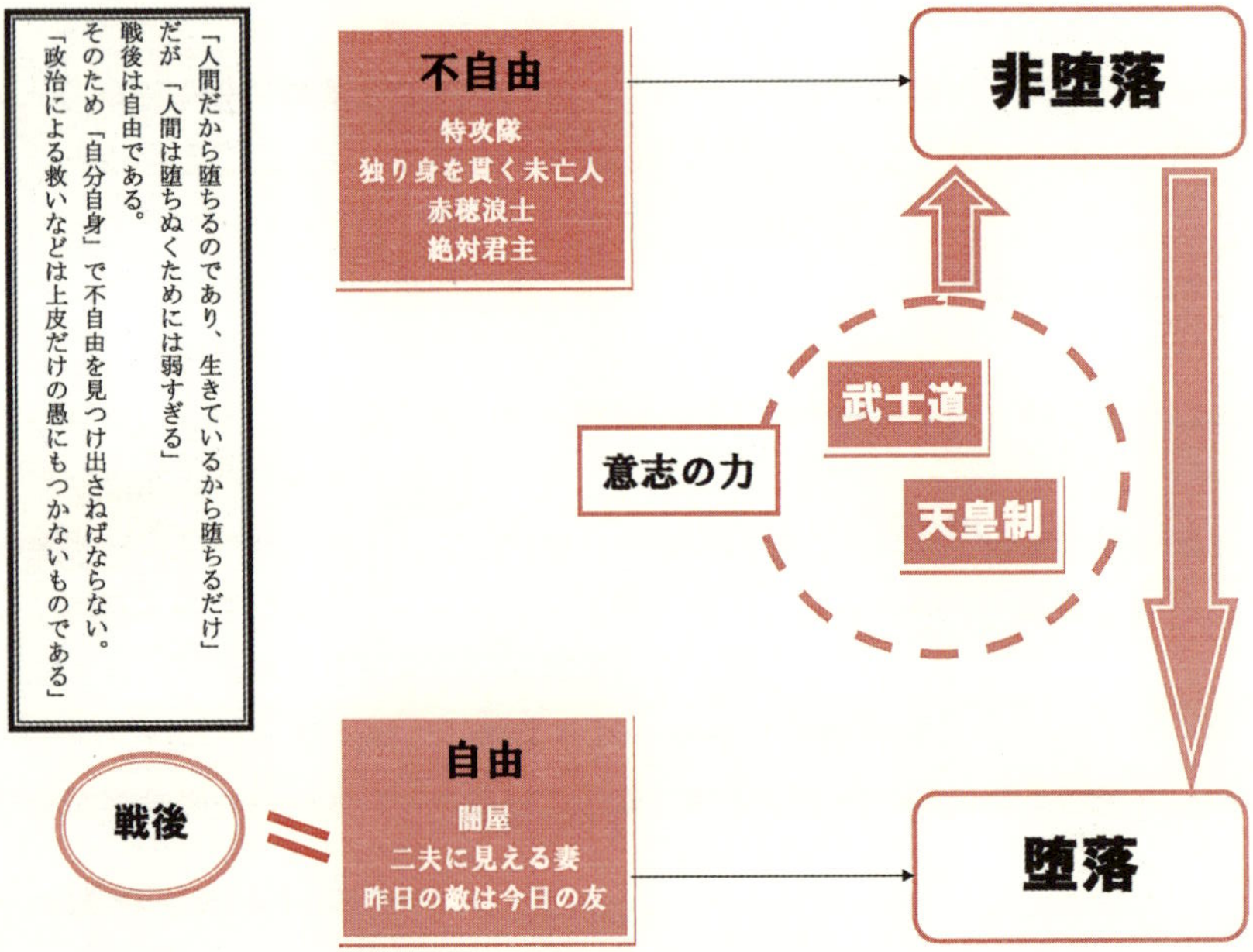

[学生がつくった偏愛マップ]

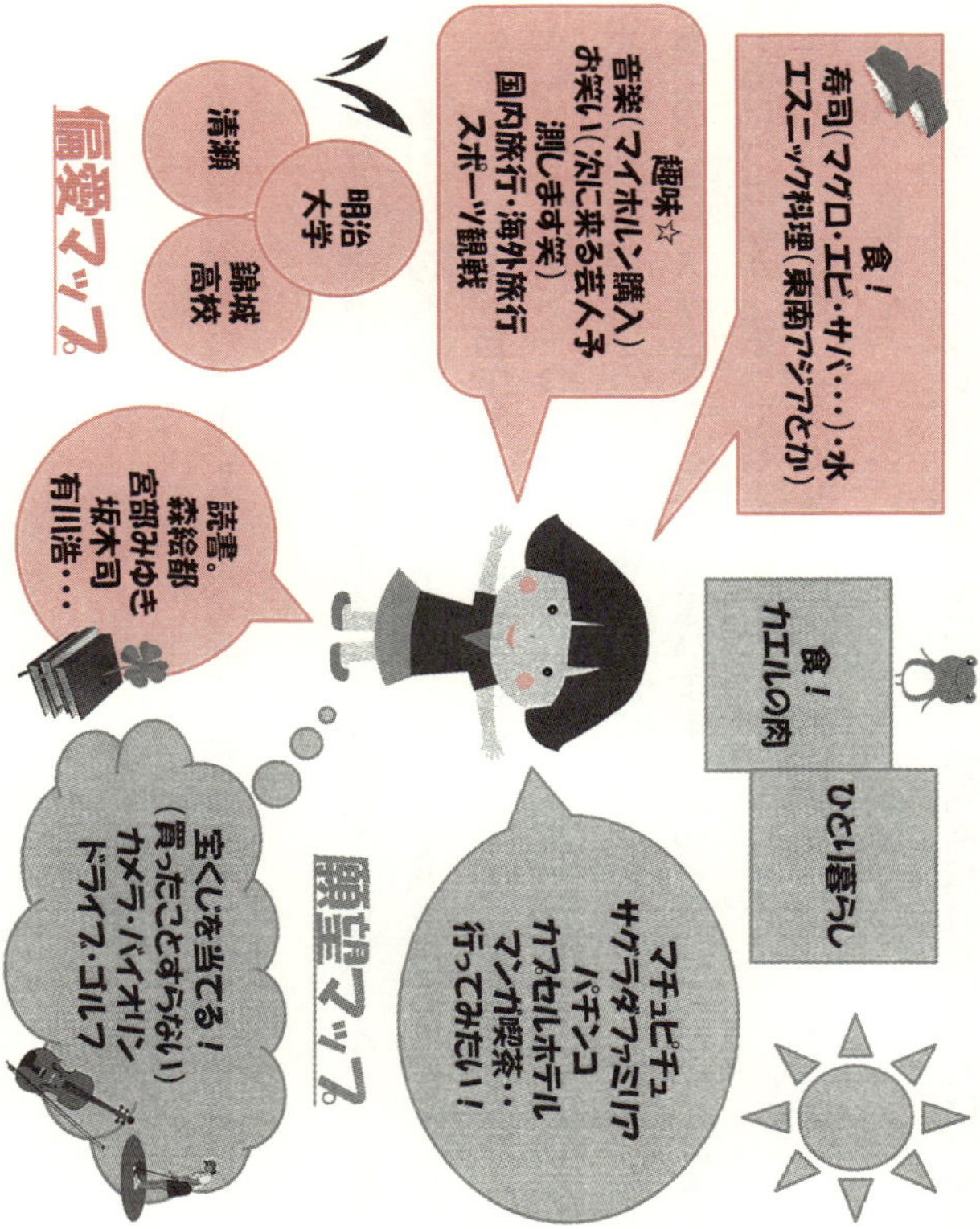

【プレゼンについて】

メモとは少し概念が異なりますが、大切なことなので、プレゼンについてもふれておきます。

プレゼンは原稿を読み上げてしまうとまったく面白くありません。プレゼンで最悪なのは、文字で書いたものをパワーポイントで映し出し、それを読み上げてしまうことです。聞いている人にとって、目で見る情報は少ないほうがかえって集中しやすいので、プレゼンのときもパワーポイントの文字数はできるだけ少なくしたほうがいいのです。

パワポの画面は文章というよりメモ書き程度にしておいて、話す言葉でそれをフォローするぐらいのバランスがちょうどいいと思います。細かく書いたものを読み上げられると、聞いているほうは頭が止まってしまいます。

中にはまとまった論文のようなものを映し出す人がいるのですが、それだと聞いている人の頭に入ってきません。

私は授業で学生たちにプレゼンをさせますが、彼らも慣れないうちは、全部文字で埋まっているものを用意してきます。でもそれを映し出してもまったく伝わらないことを経験するうちに、ビジュアル的にパーンと目に入ってくるメモ的なものを準備し、詳細は言葉でフォローするようになります。

プレゼンで有名なのは、ネットで世界中に配信されているTEDのプレゼンです。TEDとはテクノロジー、エンターテイメント、デザインの分野で感動的なアイデアを紹介する目的で設立された団体です。

TEDにはさまざまな分野から人が応募し、プレゼンをくり広げます。TEDのプレゼンについてふれた『TEDに学ぶ最強のプレゼン術』（アカッシュ・カリア著　月沢季歌子訳、SB文庫・二〇一五年）には、プレゼンのルールについて説明してあります。

まず引用については「短いほどいい」「関連性があるものにする」「出典を確認する」「有名な人物の言葉を選ぶ」「使い古された言葉を引用しない」と書かれています。私なら、ここに「プレゼンで映し出すのはメモ風だ」というルールを加えるでしょう。

また、まとめ方については「コアメッセージを、短くて繰り返しやすいパワーフレーズにする」とあります。

なぜコアメッセージをくり返すのかというと、プレゼンテーションが終わったとき、頭にそのフレーズがこびりついているようにするためです。プレゼンが終わると、聞き手は「内容の20パーセントを忘れている」そうです。「次の日には50パーセント、4日後には80パーセントを忘れる」と、この本には書かれています。なんだかがっくりします。

だから公民権運動で有名なキング牧師は、コアメッセージをくり返したと書かれています。

「マーティン・ルーサー・キングのスピーチ、「私には夢がある（I Have a Dream.）」を考えてみよう。「私には夢がある」がこのスピーチのパワーフレーズであり、長い時を経ても人々の心をとらえ続けている。パワーフレーズは10語（訳注　日本語だと50字程度）以内に収める。それ以上長いと、覚えるのが難しくなる」とあります。

このルールにあてはめると、『論語』の「知仁勇」は三文字ですから、短くて優れたパワーフレーズになります。

とにかくフレーズの短さが大事で、『TEDに学ぶ最強のプレゼン術』にはその強調の仕方が書かれています。メッセージを短く絞り込んで人に伝える。人に何かを伝達するとき、短く力のあるフレーズでパッと伝えることができればいい。SNSで相手に伝えるときもあまり長い文章を書くのではなく、パッと短く印象的な言葉を書くことが重要です。

そう考えると、シンプルかつ本質を突いているメモは最強の伝達手段になります。人に伝達するときには「1、Aをする。2、Bをする。3、Cをする」というように明快に指示することが大事です。とくに今の若い人に指示する場合、そこがはっきりしていないと「結局、この上司は何をしたいんだろう」と思ってしまいます。

昔であれば、上司の考えを忖度して何となく行動するのが部下の務めでしたが、今は「それなら最初からそう言ってくださいよ」と言われてしまうでしょう。

この本には「最高のプレゼンテーションをするために」という章に、次のようなまとめがあります。まず「シンプルであること」が原則です。それは具体的に言うと「コアメッセージ（伝えたい重要なメッセージ）を見つける」「コアメッセージを、シンプルで記憶に残るパワーフレーズに凝縮する」「シンプルでわかりやすい構成にする」「ロードマップを示す」です。

メモ力においても、シンプル化思考が重要です。シンプルにして最も本質的なものだけをつかまえる、あるいは本質的なことだけを伝える。

これがメモのよさだと思いますが、その一方で全部列挙するというのもメモのよさです。総覧性というか、全部網羅して事柄を抜き出していく伝え方です。

そのときもポイントをつかまえることが大事です。これはすなわち要約力です。要点を漏らさない注意力を持つとともに、最終的にはシンプルに本質を捉える力をつける必要があります。

アイデアは一番大事なものを凝縮・具体化したものですから、メモを通してそうしたものを生み出す力が鍛えられます。

プレゼンは、ポイントを三つにしぼるとうまくいく、と言われています。

プレゼンをするときは、本質だけをシンプルに、わかりやすく、そしてくり返し伝えることが重要です。その力を養うのはメモであり、メモ力を磨けば、優れたアイデアを生み出す本質力と創造力が培われるということです。

†マルティプル・リアリティをあらわすには図化が不可欠

芥川龍之介の『藪の中』という小説は、のちに黒澤明監督の『羅生門』という映画にもなったことで有名です。三人の人間の証言で成り立っている物語ですが、それぞれの証言が食い違っているのに、ひとつひとつにリアリティがあり、どれが真実かはわかりません。

登場人物は三人。夫婦である夫と妻、そして二人を襲った盗賊です。夫は何者かに胸を刺された刺殺体で見つかります。妻と、盗賊と、殺された夫を代弁する霊媒師の三人が検非違使の前でそれぞれの言い分を証言します。

盗賊は、自分は妻に乱暴し、夫を殺したが、それは妻にそそのかされたからだ、と主張します。妻は、自分は盗賊に乱暴されたあと、夫と二人で自害しようとして、夫を刺したが、自分は死に切れなかったと言います。

夫は、盗賊に寝返った妻が「夫を殺せ」と言うのを聞き、自害したと主張します。

それぞれの言い分にリアリティがあって、盗賊の言い分を聞くと「そうだなあ」と納得し、妻の話を聞くと「えっ、そうなの?」と思い、殺された本人である夫の話を聞くと「何てこった」ということになります。

言ってみればマルティプル・リアリティ（multiple realities＝多元的現実）の世界ですが、これは私たちの日常でもふつうに起きていることです。

たとえば非正規雇用で働いて、大変な思いで子どもを育てているシングルマザーの世の中に対する見方と、株をたくさん保有していて、毎日の株価に一喜一憂している人の社会に対する見方では、同じ社会なのにおのずと違ってきます。

いろいろな政治問題でも、賛成の立場に立つ人と反対の立場に立つ人では、見えている景色や解釈が異なります。

このように、複数のリアリティが現実をつくっているという考え方を社会学に応用したのが、現象学的社会学の始祖であるアルフレッド・シュッツです。彼は「個々の人間にはそれぞれにとっての現実がある」と言っています。

世の中が多元的な現実でできているとすれば、**Aの視点だけでなく、Bの視点、Cの視点までとらえ、それぞれにとっての意味を整理するのは、ものごとを考える上で不可欠なことです。**

それぞれの主張や現実を図化して、「Aから見るとこう見える」「Bから見るとこう見える」「Cから見るとこう見える」という形でやっていくと、わりとバランスがとれたコメ

[『藪の中』を図化すると、こうなる]

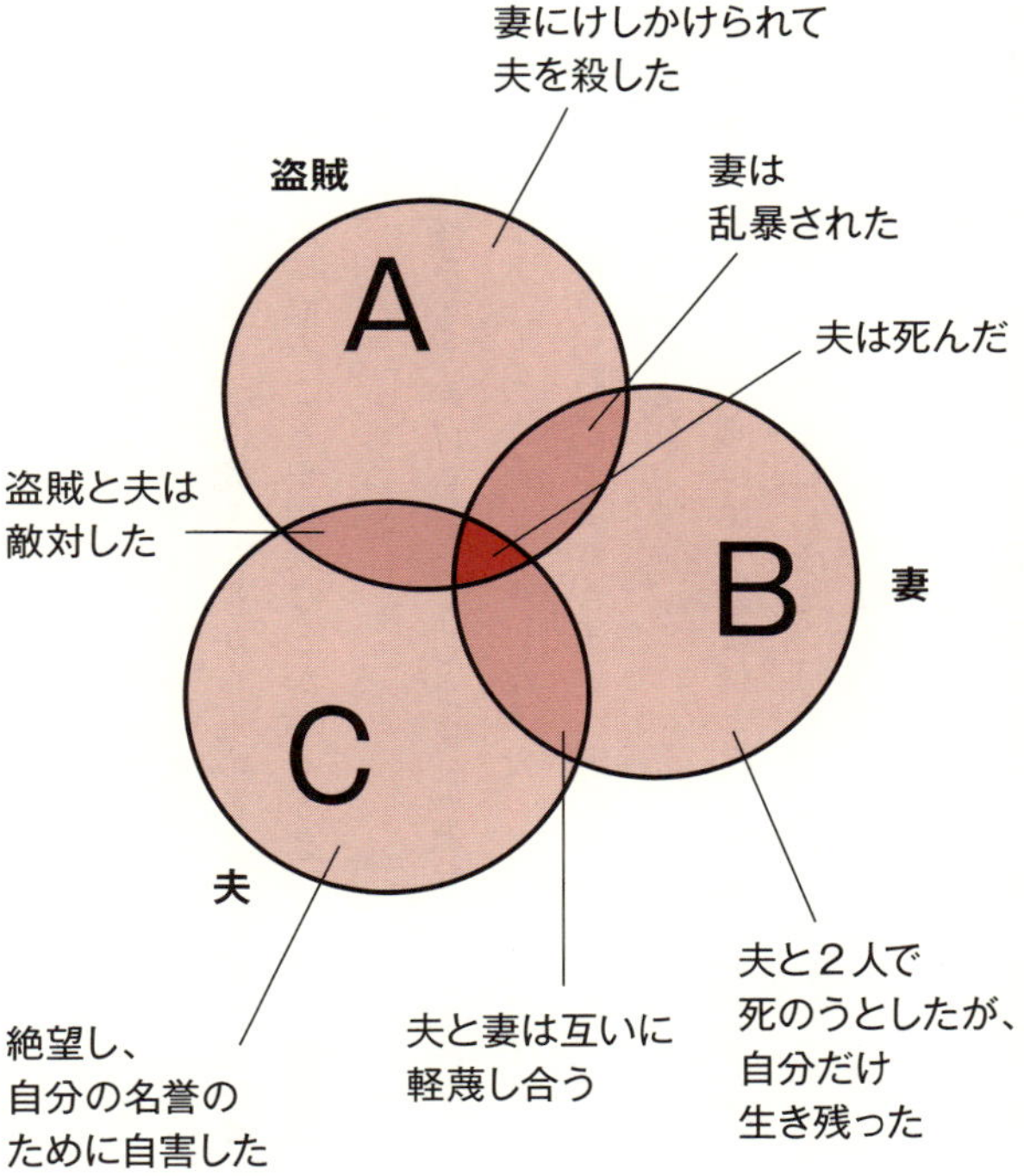

ABC 3つの現実とも、
リアリティがある

ントになるでしょう。

†「ヒアリング＋図化」で問題解決を早くする

人と何かを話しあうときも、図化をしながら進めると、結論が出やすくなります。

私は昔から相手の人に悩みごとや相談ごとがあるときに、よくそれをヒアリングしながら図にしてきました。

たとえば、恋愛相談をもちかけられたとします。「あなたは昔A子さんとつきあっていたけれど、別れてB子さんとつきあうようになった。けれどもB子さんとはこういう経緯で別れてまたA子さんに戻った。つまりA子さんとの第一期、第二期があるわけですが、これらの違いは何ですか？」と聞きます。

そして相手の答えを聞きながら「第一期は何となく好き、と思ってつきあっていて、第二期はケンカが多くなった。そこにC子という女友達があらわれて、あなたはA子のことが本当にいやになってしまった、というわけですね」と事実をたしかめます。

さらに「あなたの悩みは何ですか？　どうしたいんですか？」と聞き、相手が「悩みというほどではないんだけど、今のような状態が嫌なんです」と答えたら、相手の状況を整

[「ヒアリング＋図化」で問題解決が早くなる]

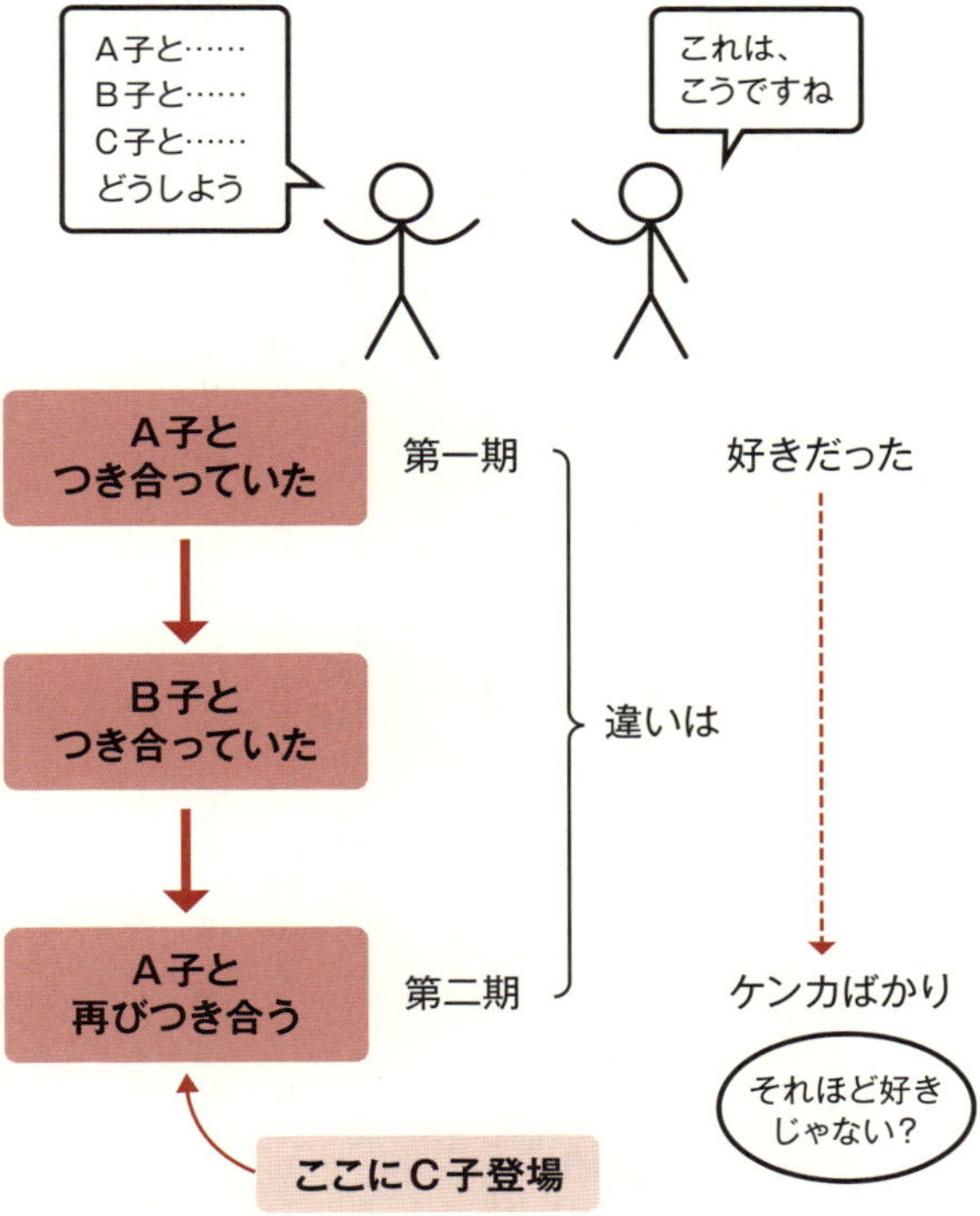

とるべき解決策は３つ

① そのままA子とつき合う → 第三期がくるかもしれない

② A子と別れてC子とつき合う

③ 誰ともつき合わない

理しながら「このあと、あなたが取るべき選択肢は次の三つですね」という前向きな解決策が示せるようになります。

悩み相談や愚痴のようなとりとめのないものでも、ちゃんとメモして図化することで互いに状況を共有しやすくなります。お互いに共有できれば、問題解決に近づけるでしょう。ふつう、メモというと個人的な感じがしますが、このやり方はヒアリング＋図化でメモしていくことによって問題認識のための共通の土俵を持つことができ、問題に対して「こうすればいい」という方向性が示せます。

とりあえず、Ａ４の裏紙に問題点を箇条書きにしたり、相手の話を全体図として文字や図であらわしたりして、相手と共有していくといいでしょう。私は十代のときから友達とこれをやっていたので、もはやＡ４裏紙を持たないで、人と会話することはあり得ない気がします。

「紙と書くものなしで対話して、果たしてクリエイティブなものが生まれるのだろうか」と思ってしまうくらいです。とくに複雑な話をする場合は、白い紙とボールペンを持ってのぞまなければ、堂々めぐりになってしまうでしょう。

これが当たり前になっているので、飲み屋さんで友達とやっていたら、「ここではそういうことをしないでほしい」と飲み屋の人から注意されたことがあります。多分、勉強しているように見えていたのかもしれません。

私にとっては当たり前のことだったので、びっくりしたのですが、逆に言うと、会話していてメモしたり、図にしたりする人はほとんどいないということでしょう。

友達との雑談であっても、**相手の話をメモして、図化する習慣をつけていけば、要点をつかむ力、物事を整理して解決する力は格段に養われるのは間違いありません。**

†マッピング・コミュニケーションのすすめ

二人でひとつの紙にキーワードや考えを書きあいながら、コミュニケーションするというのが、マッピング・コミュニケーションのやり方です。そこでは自分の考えや相手の言葉をメモしつつ、会話をするので、二つの行為を同時にすることになります。

イメージとしては七、八割のエネルギーは対話に注ぎ、残りのエネルギーをキーワードや言葉のマップづくりに使います。

やり方としてはこうです。

（1）Ａ４の紙を何枚か用意する

(2) お互いに問題点、キーワード、テーマなどを箇条書きにする
(3) 共通項があれば、線で囲む
(4) 解決策を次々と書いていく

私は大学の授業の初めなどに、学生同士でマッピング・コミュニケーションをやってもらいます。お互い初対面の学生が多いので、**マッピング・コミュニケーションは相互の距離を縮めるのにひじょうに役立ちます。**

使うのはA4の裏紙で、そのつど使い捨てる感覚です。裏紙だと「どうせ捨てる紙なんだし、もうどっちでもいいや」という感じで大胆に使えるようになります。話題やテーマが変わるたびに、ぱっと次の紙に移っていきます。

これをやっていると一時間くらいで一〇～二〇枚のメモができます。それらは雑然とした図や文字ですが、これをやることによって相手とのコミュニケーションがひじょうに深く濃くなります。ここがマッピング・コミュニケーションのポイントです。

あとでその紙に番号を振ってみると、たいへんクリエイティブな会話が交わされた気がします。

私は編集者と話をするときも、必ずA4の紙を使ってマッピング・コミュニケーション

をしています。するとある編集者から「それをやる人は珍しい」と言われました。「そうなんだ。こういうことは世間ではあまりやっていないのか」と逆に驚いたくらいです。

✝メモや図化で渡せばパワハラにならない

お互いに話しながらメモをつくるのはコミュニケーションのやり方としてもおすすめです。上司と部下の間柄なら、あれこれ話し合ったあと、最後に上司が部下にメモを渡せば、部下としてはひじょうにわかりやすいでしょう。

たとえば部下が何かミスをしでかしたとき、部下と一緒に話しながら、マッピング・コミュニケーションをしていくのです。

「間違ったポイントは何だと思う?」「三つあるよね」「じゃあ、一のポイントはどうしたらいいと思う?」「二のポイントはこうすればOKだよね」などと部下に質問し、部下が「ですよねえ」「それはそうですよね」などと言えば、「ね? そうだろう」と正解を書き加えていきます。

いわば正誤表のようなものです。そして最後に部下にメモを渡します。そうすれば怒る、怒られるという関係にならないと思います。

[叱る代わりにメモをわたす]

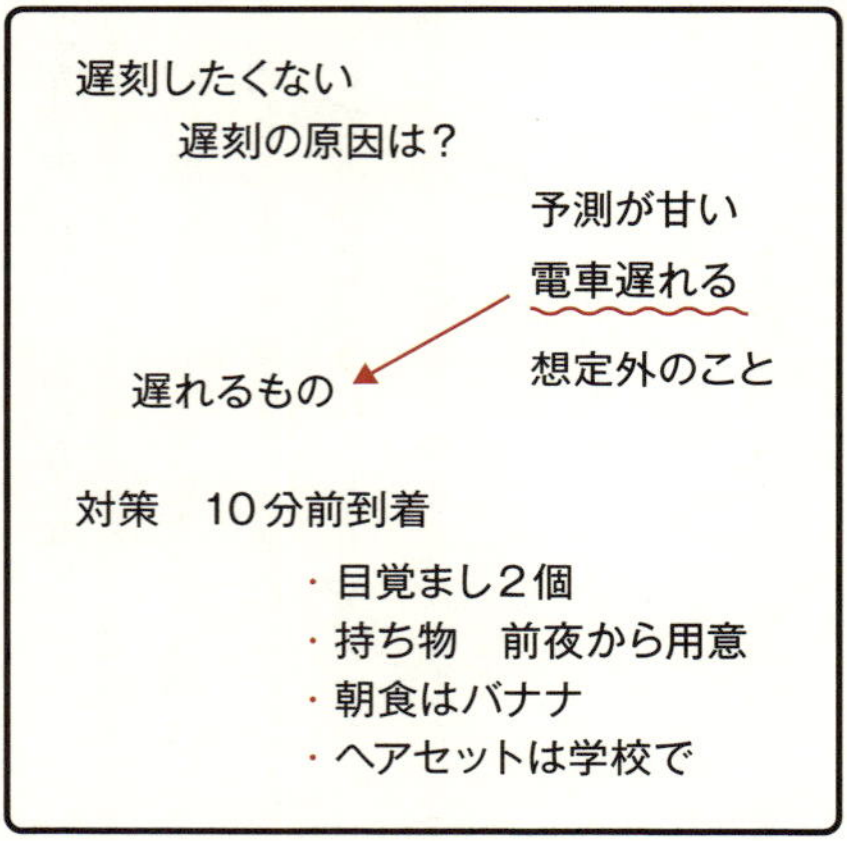
遅刻したくない
遅刻の原因は？
予測が甘い
電車遅れる
想定外のこと
遅れるもの
対策　10分前到着
・目覚まし２個
・持ち物　前夜から用意
・朝食はバナナ
・ヘアセットは学校で

叱責されると人は大きなダメージを受けてしまい、話の内容が頭に入ってきません。現代においてやってはいけないもののひとつは叱責、つまり叱り責めることです。叱責しすぎるとパワハラになってしまうこともあるので、注意が肝心です。

私はここ何年も学生に対して叱責をしたことがありません。なぜなら叱責しなくても、同じ効果が得られるからです。「今の問題はこれで、これをこうするんだよ」と言えば助言になりますし、それをすれば叱る必要がありません。

この間、遅刻が多い学生とマッピング・コミュニケーションでメモをつくったことがあります。

「君は、遅刻をできるだけ少なくしたいという気持はありますか?」と聞いて、「はい、ありますす」と答えたので、「それじゃあ、遅刻しないために遅刻の原因を考えてみよう」と、二人で原因をあげていきました。

「所要時間の予測が甘い」「電車が遅れる」「想定外のことが起こる」などいくつか原因があがりました。ここでは電車はほぼ遅れると仮定して、対策を考えることにしました。

十分時間の余裕を見て、教室に一〇分前に到着するのと、遅刻をするのとではどちらがストレスが少ないだろう。やはり前者のほうがストレスが少ないでしょう。では一〇分前に到着するための具体的な行動に落とし込んでいこう、というわけで、朝起きてからの行動を洗い直していったのです。

こんなふうに**対話しながら、二人で問題点をあげていき、解決策を考えていけば、叱ったり、説教したりせずに行動を改めてもらうことができます。**このやり方はパワハラがこわくて部下に注意ができないという上司にもおすすめできる方法です。

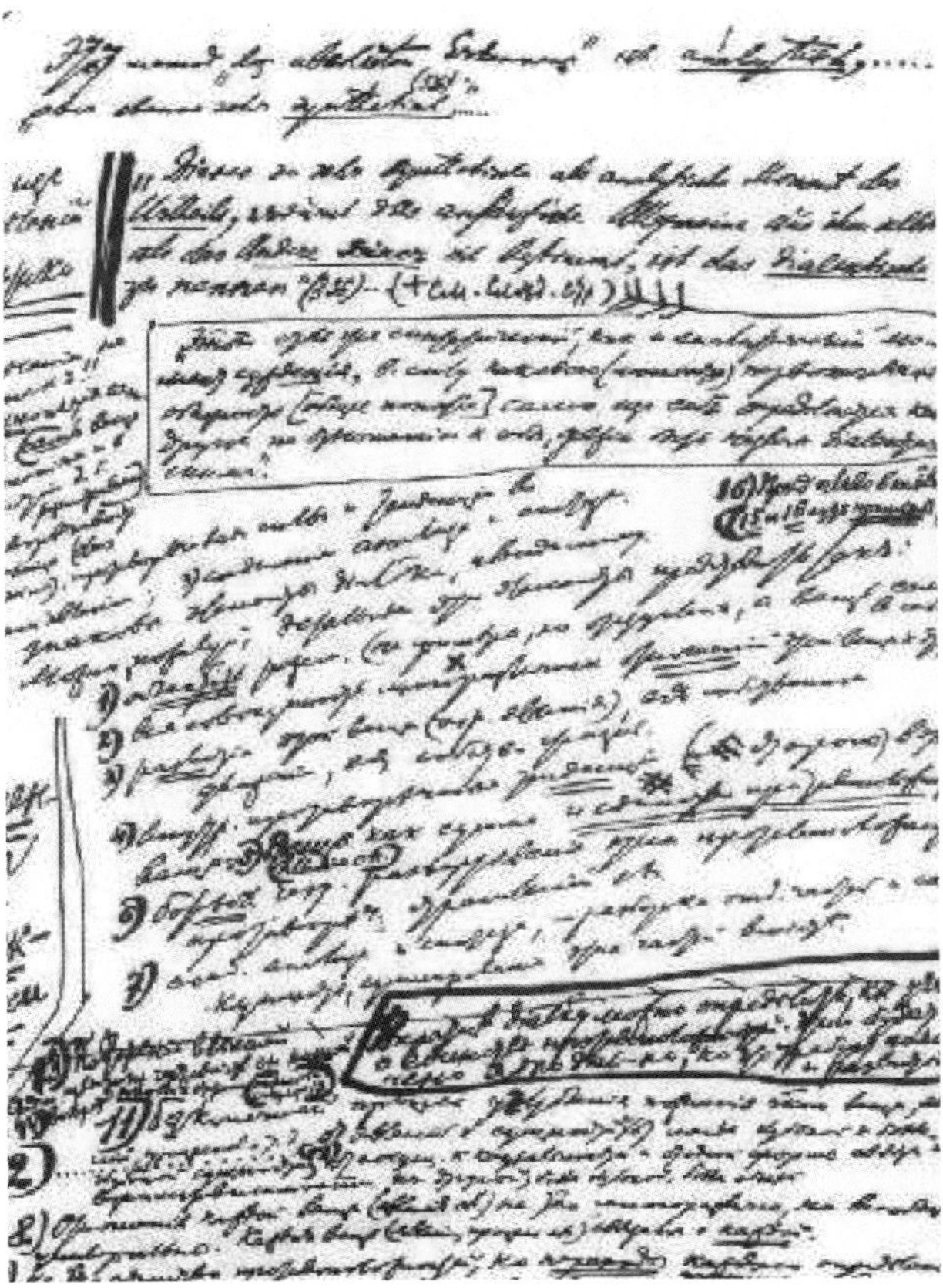

第五章

達人たちの「鬼のメモ力」

レーニン・ノート

†クリエイティブな人たちが残した「鬼のメモ」に学ぼう

芸術やスポーツ、政治などそれぞれの分野で活躍したり、後世に影響を与えたりした人たちは、たいていノートに自分の構想や考えを残しています。

ノートに書かれているものといっても、私たちが講義の板書をノートに取るのとは違います。**彼らが残したのは自分の考えや思いを表現するメモです。**

クリエイティブな人たちは、こんな言葉を残していて、その言葉で頭を整理していたのだ、ということが、残されたメモを見るとよくわかります。

この章では、さまざまな分野で活躍した人たちの「鬼のメモ」をできるだけたくさん紹介します。バラエティに富むタイプがありますので、そこから学べる技を書き出しておきました。

みなさんも自分にできそうなものをどんどん取り入れ、メモ力を磨いてください。頭がクリアになればなるほど「鬼のメモ力」に近づいていくことが確認できるでしょう。

1　メモやイラストを駆使してアイデアを書き留める
～エジソン、レオナルド・ダ・ヴィンチ

†思いついたことは何でもメモに残す

天才と言われる人の中でもエジソンとレオナルド・ダ・ヴィンチはぼうだいなメモを残したことで知られています。エジソンのメモは大学ノートサイズで、少なくとも四〇〇万ページ、きちんと整理すれば五〇〇万ページにもなります。

彼が記した日記や実験ノートも三五〇〇冊になります。専門家集団が今でも五〇〇万ページに及ぶ文献の整理や分類に取り組んでいるほどです。

レオナルド・ダ・ヴィンチもたくさんのメモやイラストを残しました。私はかつて『レオナルド・ダ・ヴィンチ展』を見に行ったことがありますが、手記やノートがたくさん展示されていました。

彼はちょっとしたアイデアや考えを前後関係なく、メモに残した人です。『レオナルド・ダ・ヴィンチの手記（上・下）』（杉浦明平訳・岩波文庫）によると、格言的な箴言もけ

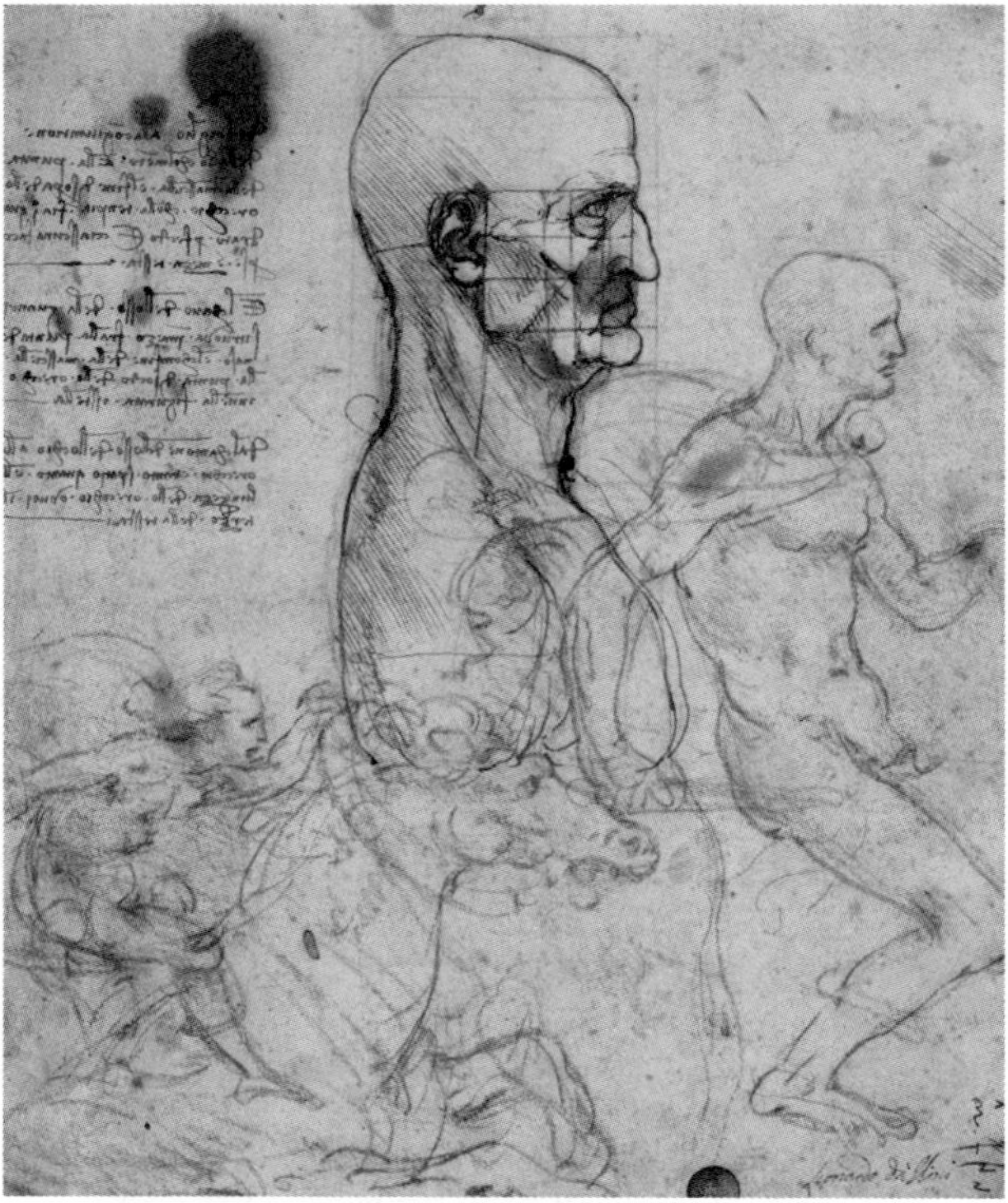

[ダ・ヴィンチのメモ]

っこう残されています。

たとえば「他人を攻撃する人は自らも安全ではない」「脅迫とはひとえに脅えた者の武器にすぎない」といった箴言が書かれています。

「住居」については「住居——小さな室は心を整頓し、大きな室はこれを逸らす」とあります。

さらに「遠近法は「絵画」の手綱であり舵である」と書いています。ダ・ヴィンチは遠近法にはかなり意識的だったようで、「遠近法とは、あらゆる対象が角錐状線によってその光素を眼に伝達することを実験によって裏書するところの弁証的理法である」とも書いています。少し難しい言い方ですが、遠近法について自覚的に見解を述べているわけです。

こうしたダ・ヴィンチの遠近法に関するメモを読んでから、「最後の晩餐」を見ると、この絵画が精密な遠近法によって描かれていることがわかります。

「最後の晩餐」の修復時の調査では次のようなことがわかっています。遠近法では絵を描くための中心点があるのですが、「最後の晩餐」にもその印が見つかりました。

ある点からサーッと描写が広がっていくのだそうです。テーブルのそばにいるたくさんの人たちをあの空間の中に収めるわけですから、あらかじめ計算しておくことが必要だったのでしょう。

ダ・ヴィンチのメモを見ると、**遠近法についてのアイデアや考察があって、「最後の晩餐」のような絵画につながっていることがよくわかります。**

エジソンもダ・ヴィンチも歴史上に残る天才でしたが、その才能を支えていたのがぼうだいなメモだったというのも興味深い点です。

「鬼のメモ力」ポイント
思いついたことやひらめいたことは、どんなことでも文字やイラストで書き留めておこう。

2　小説に登場しない想定外の背景メモ～ドストエフスキー・ノート

†小説を書くために残したスケッチとメモ

ロシアの大作家ドストエフスキーは、小説を書くときにノートをつけていたことで有名です。

ドストエフスキーを研究している清水孝純さんの『ドストエフスキー・ノート――『罪と罰』の世界』（九州大学出版会・一九九六年）や江川卓さんの『謎とき『罪と罰』』（新潮選書・一九八六年）によると、ドストエフスキーは実にさまざまなメモを残しています。

そこには小説に書かれている以外の設定が記されていました。たとえば『罪と罰』を例に取ると、ドストエフスキー自らの手で描いたスケッチとメモが残されています。「ラスコーリニコフの幼時に見たことの、ちょっとした想い出。幼児の頃、人々によって撲られた馬、人々によって斬り殺された子牛、軍使……」という言葉が、人の顔のイラストとともに書かれています。

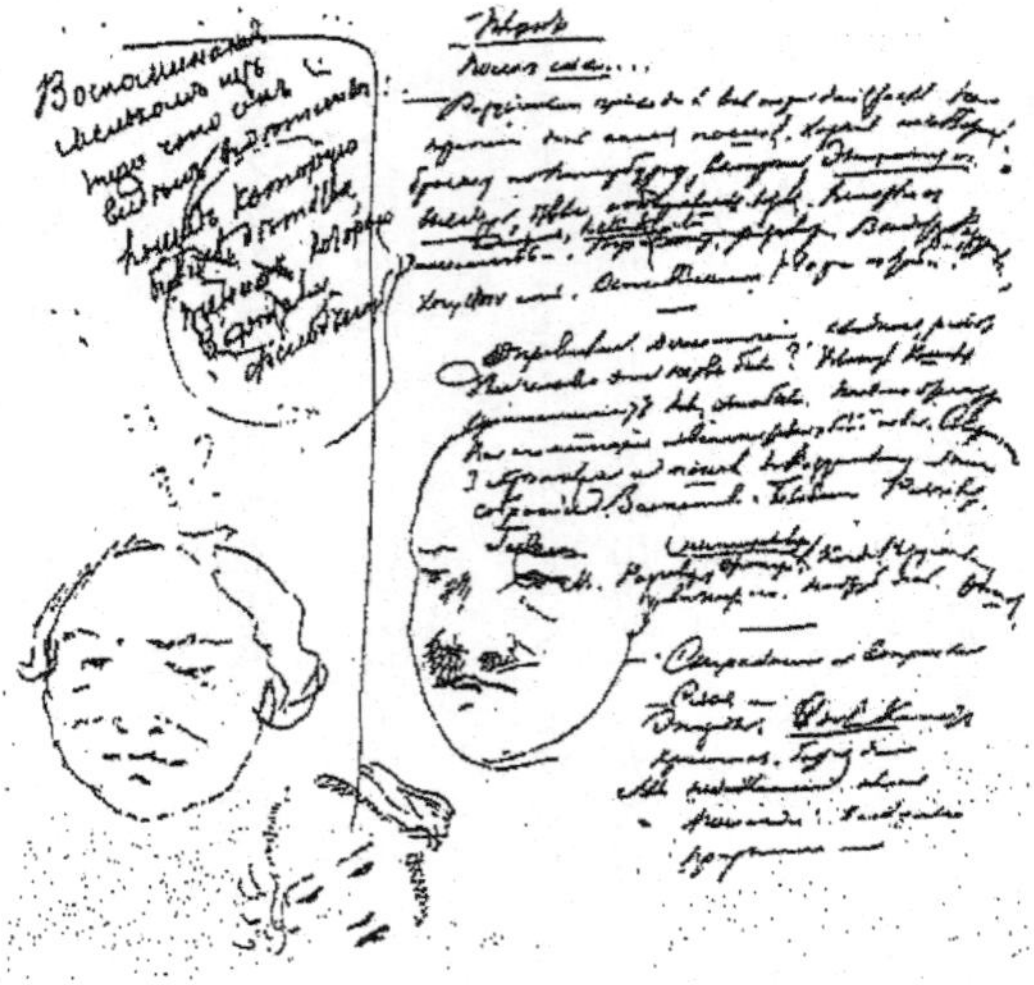

『罪と罰』のスケッチとメモ

左肩の部分に、「ラスコーリニコフの幼時に見たことの、ちょっとした想い出。幼児の頃、人々によって撲られた馬、人々によって斬り殺された子牛、軍使……」という言葉が書いてあります。(『ドストエフスキー・ノート——『罪と罰』の世界』より)

ドストエフスキーの小説は、何となく勢いで書かれたようなイメージがあると思いますが、残されたメモを見ると、どうもそうではないようです。しかし本文を読むと、熱に浮かされたように人物がしゃべり出し、事件が起きて、怒濤のように年月が過ぎていく勢いがあります。

まるで坩堝《るつぼ》のような小説ですが、それをロシアの哲学者ミハイル・バフチンという人は「カーニバル性」と言っています。あたかも祝祭のような興奮状態が本文の中で続くわけです。

さらにミハイルは、ドストエフスキーの作品を「ポリフォニック」であるとも指摘しています。ポリフォニーとは多声楽のことです。著者がひとりでモノローグ的に語るのではなく、個性的かつ自己主張が激しい登場人物たちが自分をどんどん主張し合っているので、それが多声楽に聞こえてくるのです。

会話のポリフォニー性がドストエフスキーの特徴である、とミハイル・バフチンは『ドストエフスキーの詩学』(望月哲男・鈴木淳一訳、ちくま学芸文庫・一九九五年)で書いています。

†名前に秘められた恐るべき秘密

ドストエフスキーは勢いで小説を書いていると思われがちですが、実はひじょうに緻密な創作ノートを頻繁につくっていました。考えてみれば、**あれほど密度の濃い小説を書くのに、ノートなしに始めるわけにはいきません。**これは納得のいく話です。

では、ドストエフスキーのノートには何が書かれていたのでしょうか。『謎とき『罪と罰』』には、登場人物の名前に関するメモがあったと書かれています。

ラスコーリニコフは高利貸しの老婆を殺してしまうのですが、なぜ小説の主人公は「ラスコーリニコフ」という名前なのでしょうか。ここに秘密があります。

ラスコーリニコフという名前は、分離派（正教の異端的宗派）に由来しています。名前の意味は、斧で老婆の頭が二つに分割されることを含意しているとも言われています。ドストエフスキーは、ひじょうに注意深く登場人物の名前を付けたことがわかります。

江川さんの本によると、「『罪と罰』の主人公のフルネームは、「ロジオン・ロマーノヴィチ・ラスコーリニコフ」という」と書かれています。ロシア語のスペル（Родион Романович Раскольников）が記されており、次のように書いています。

「引用をわざわざロシア語で表記したのは、この字面を視覚的に確かめてほしかったからである。翻訳で読んでも、妙に頭韻のきかせてあるのに気づくだろうが、ロシア文字で見ると、一種異様な印象を受けるだろう（念のため注記すると、ロシア語のｒ音は、ギリシャ文字のρ（ロー）に由来するＰ（エル）で表わされる）。イニシャルを拾うとＰＰＰとなり、明らかな作為を感じさせる。それも道理で、ＰＰＰなどというイニシャルは、ロシアのどこを探しても、まずお目にかかれる気づかいがない」。

「このことは確率論的にも確かめられる。ロシア姓名事典でＰではじまる姓の割合を調べると、約４パーセントという数字が出る」。

ＰＰＰというイニシャルが現れる確率を調べると、「約六百万人に一人がＰＰＰのイニシャルを持ちうるという結果になる。当時のロシアの男性人口は約三千万人だから、広いロシアにラスコーリニコフの同類は五人いたかどうか、という勘定だろう」。

そしてこうも書かれています。

「創作ノートで見るかぎり、主人公の名は創作の最後の段階まで、ロジオンではなく、ワシーリイВасилийで一貫していたという事情がある。『罪と罰』の創作が本格的にはじまるのは、一八六五年八月、作家がまだドイツにいたときだが、このときの「第一稿」でも、十月半ばの帰国後の「第二稿」でも、主人公の名はいずれも「ワシーリイ」となっていた。名前が「ロジオン」に変わるのは、十一月末、『罪と罰』の創作史上に有名な「転機」が訪れ、それまでに書かれた原稿をすべて「焼却」して、新たに「第三稿」（最終稿）の執筆にかかってからである」。

第三稿が最終稿で、その前の二つは焼却してしまったというのはすごいことです。後世のために残しておいてほしかったと思います。

†「666」は獣の数字

「創作ノートを調べると、「十二月七日」の日付の入ったページに、はじめて「ロジオン」の名が現われる」。

ここではじめて、ワシーリイからロジオンに変えたということです。ここから先は江川さんの文章は推理小説のようになります。すなわち「PPP」を裏から見ると「666」に見えます。「666」は『ヨハネ黙示録』の一三章に出てくる「獣の数字」です。ここで知恵をめぐらせなければなりません。

「賢い人は、獣の数字にどのような意味があるかを考えるがよい。数字は人間を指している。そして、数字は六百六十六である」。

『オーメン』(リチャード・ドナー監督、一九七六年、アメリカ)という映画は、この数字を題材にしています。『オーメン』は、六月六日午前六時に誕生し、頭に「666」のアザを持つ悪魔の子・ダミアンを巡る怖いホラー映画でした。

創作ノートを見ていくと、今言ったようなことがわかります。第一・二稿まで主人公の名前は「ワシーリイ」でしたが、最後に「ロジオン」に変えています。ここではおそらく、イニシャルをPPPに揃えようとしていたのではないでしょうか。

創作ノートにはそういう事情が隠されていて、これを手がかりにすると、ドストエフスキーがどのようなことを考え、何を小説に取り込んでいったのかを読み取れます。**ドストエフスキーはそういった創作ノートを付けながら、自らの想像力をどんどんかきたてていったのでしょう。**

創作するには材料がたくさん必要ですから、具体的なエピソードなどいろいろなものをメモしていったことでしょう。ドストエフスキーにとっても、創作ノートはひじょうに重要なものでした。ドストエフスキーのメモを通して、それらが伝わると思います。

「鬼のメモ力」ポイント

事前準備のためのメモがあると、完成度が高まる。面倒でも事前メモを用意しよう。

3　国家の骨格をつくった究極のメモ書き～「船中八策」

†箇条書きは思考を整える

前にもふれましたが、坂本龍馬と中岡慎太郎の「船中八策」はまさに「鬼のメモ力」の結晶のような作品です。

「船中八策」は新政府の基本的なかたちを八項目挙げて具体的に示したもので、西郷隆盛はこれをもとに、明治政府の基本方針として発表しました。

「船中八策」は「第一義、何々。第二義、何々」という感じで書かれている一種のメモ書きです。明治という新しい政府をどういうかたちでスタートさせるのか、その骨格が記されています。**日本における何百年に一回の大事業も、このようなメモ書きによってかたちが整えられていったわけです。**そこが面白いところです。

大きな問題を「一、二、三……」というように箇条書きにして示すのは、頭がすっきりする思考法です。私たちも、会議などでぜひ取り入れたい手法だと思います。

ごちゃごちゃしている問題に直面し、互いにトーンが高くなって感情的になりそうなとき、「それでは、どういう政府にするの？」という本質的な問いを投げかけ、具体的に箇条書きにしてみるのです。

まさに「船中八策」が、そうした箇条書きでした。これは、メモとしてはひじょうにスケールが大きなものです。メモには、このように大きく構造を捉えて明確化するものもあるという一例です。

参考までに、当時は手紙もメモ書きのような内容が一般的でした。戦国時代、徳川の武将、本多重次が妻に送った手紙は有名です。

「一筆啓上　火の用心　お仙泣かすな　馬肥やせ」

たったこれだけのメモ書きですが、戦場で戦う夫から妻へ思いをこめた手紙になっています。お仙というのは、息子の仙千代のことです。子どもを大切にして、馬の手入れを頼むという内容です。

また武将同士の間でも、「軍でこういうものを準備してくれ」「今度一緒に狩りに行こう」などといった記述が見受けられます。そういうことも、メモのような手紙で渡していたわけです。今であればＬＩＮＥなどのＳＮＳで伝えるような内容ですが、そういう便利なものがなかった時代は、紙で書いて手紙として送るしかなかったのです。

†筆まめだった西郷隆盛のメモ

西郷隆盛もひじょうに筆まめな人でした。『西郷隆盛全集』の『書簡集』はかなり厚くて三巻もありますが、そこにはメモ的なものがたくさん残っています。

たとえば、西郷隆盛や大久保利道らが幕府に改革を迫るために計画した過激な「突出計画」では、さまざまなメモや手紙が行き交っています。

大久保の質問に答えた西郷の書には、

「一、堀（仲左衛門）より肥後（熊本）藩の決心一左右（一報）があったとき云々の件。
一、堀がもしや幕吏の手にかかった節の盟中の憤激云々の件。
一、三藩（水戸・尾張・越前）へ（幕府から再度の）暴命があった場合云々の件。
一、（幕府が）堂上方に恐れ多くも難を掛けた場合云々の件。」

など細かく丁寧に答えています。

西郷にしても、坂本龍馬にしても、歴史を動かす骨太の人間は豪放磊落で細かなことに気を配らない印象がありますが、実は逆で、**本人自身、あるいは周辺に細かくメモをし、**

物事を整理していく「鬼のメモ力」を発揮する人間だったことがわかります。

✝千利休の死を前にした激烈なメモ

箇条書き風のものとしては、お茶の原則「利休七則」があります。

「一、茶は服のよきように／二、炭は湯の沸くように／三、夏は涼しく、冬は暖かに／四、花は野にあるように／五、刻限は早めに／六、降らずとも雨の用意／七、相客に心せよ」。

短い箇条書きですが、お茶の本質が伝わってきます。また、これは余談ですが、利休が寝室で書いた辞世の句が激烈です。（芳賀幸四郎著・日本歴史学会編『千利休』吉川弘文館・一九六三年）。

人生七十《じんせいしちじゅう》　力囲希咄《りきいきとつ》
吾這宝剣《わがこのほうけん》　祖仏共殺《そぶつともにころす》
提《ひっさ》ぐる我《わが》得具足《えぐそく》の一《ひと》つ太刀《だち》
今此《いまこ》の時《とき》ぞ天《てん》に抛《なげう》つ

（七〇年の人生。えい、や、とう。私の宝剣で祖先の霊も仏とともに殺してしまえ。うまく使える武器を持って、今このとき、天にこの身を投げ出せ）

辞世の句ですから、メモ書きと言えるのかどうかわかりませんが、利休は死を前にして、この世に最後に残す言葉として激しい言葉を書き連ねています。秀吉によって死に至らしめられるわけですから、思うところがあったのでしょう。強烈な言葉の羅列です。

ともかく箇条書きであっても、というか、**箇条書きだからこそ、言葉の精度が高まって、本質をつくメモになっていることがわかります。**

「鬼のメモ力」ポイント

自分の考えを箇条書きでメモするくせをつけておくと、思考が深まる。

4　メモで整理しながら思考を形成させる～マルクス『経済学・哲学草稿』

†メモでも整えられた文章になっている

マルクスの『経済学・哲学草稿』（城塚登・田中吉六訳、岩波文庫）は『経済学批判』や『資本論』に結実していくもととなったもので、若きマルクスの問題意識がわかるノートです。

草稿とはいえ、いちおう文章の形に整えられていて、『経済学・哲学草稿』（通称『経哲草稿』）というタイトルで訳されています。私たちが学生時代は、なぜかこのような本を読むのが流行でした。今思うと、ずいぶん渋い学生時代でした。

『経哲草稿』はわりと若いときのマルクスの著作ですので、情熱にまかせて問題意識がどんどん書きつけられています。しかしながらメモ書きと言っても、ヘーゲルの現象学やフォイエルバッハについてかなりきちんと整理しています。

たとえば、次のような記述があります。

「フォイエルバッハの偉業とは次のようなものである。（1）哲学は、思想のなかにもたらされ思惟によって遂行された宗教にほかならず、したがって、人間的本質の疎外のもう一つの形式、現存様式として〔宗教と〕同様に断罪されるべきだ、ということを立証したこと」。

要するに、フォイエルバッハによって哲学批判がなされたということです。

「（2）真の唯物論と実在的な科学とを基礎づけたこと。しかもこれをフォイエルバッハは「人間の人間にたいする」社会的な関係を同様に理論の根本原理とすることによっておこなったのである」。

真の唯物論と実在的な科学を基礎づけたことが、フォイエルバッハの偉いところである、と言っているわけです。

「（3）彼は、絶対的に肯定的なものであると主張されている否定の否定にたいして、自分自身の上にやすらぎ、積極的に自分自身を根拠とする肯定的なものを対置することによって、〔上記の基礎づけを〕おこなったのである」。

ここでは以上の三点に分けて、フォイエルバッハの偉業について書いています。

†影響を受けたことをテーゼにしてまとめる

『経哲草稿』もそうですが、フォイエルバッハについてのメモ書きとしては「フォイエルバッハに関するテーゼ」というのがあります。これはエンゲルスの『フォイエルバッハ論』（松村一人訳・岩波文庫）に収録されています。

テーゼですから、短く箇条書きで書かれています。

第六テーゼには、「人間というのは社会的諸関係のアンサンブルである」とあります。アンサンブルというのは「総体」とも訳しますので、第六テーゼの意味は「社会的な諸関係の総体が人間である」ととっていいでしょう。

これはひじょうに短いものなので、把握しやすいと思います。「フォイエルバッハに関するテーゼ」は一八四五年にマルクスが書いたメモですが、彼のメモの中でもかなり影響力が大きいものです。

全部で一一テーゼあって、簡単に言うと「人間一般というのは抽象的なものではなく、歴史的にそこにいる。具体的な現実社会にたいする変革の働きかけこそが必要である」。つまり「傍観者であってはいけない」ということです。

全部で一一あるところも、メモっぽい感じがします。

マルクスはフォイエルバッハから刺激を受けたことについて一一項目にまとめ、メモ書きとして残しました。これらが後にマルクスの思想の骨子を形成していくわけです。

マルクスは**「フォイエルバッハに関するテーゼ」として命題を書きつづっていくうちに自らの主義主張へとメタモルフォーゼ（変形・変態）していきます。**私たちはマルクスが残したメモを通して、その思考過程をたどることができます。

『経哲草稿』も「フォイエルバッハに関するテーゼ」もかなり有名なものだったので、私は大学時代に読み、マルクスの思考整理力に感銘を受けました。マルクスぐらいになりますと、メモはメモでもひじょうに影響力がある「鬼のメモ力」が発揮されていると言えます。

「鬼のメモ力」ポイント

影響を受けた事柄を整理して、要点をメモしておこう。自分の思考を肉付けしていくときに役立つ。

5　要約力、コメント力を鍛え、思考を深める最強の読書術
〜レーニン『哲学ノート』

本を読みながら感想や意見を書き込んでいく

レーニンは資料や本を読みながら、自分が大切だと思ったところはそのまま書き写し、そこに自分の考えをどんどん書き込んでいく人でした。『哲学ノート（上・下）』（松村一人訳・岩波文庫）はレーニンがつけたノートとして有名です。

たとえばヘーゲルの『論理学』を読みながら、書いたメモはこんな感じです。

「論理学は純粋な哲学である。すなわちその発展の全範囲における純粋な知識である」というヘーゲルの文章を書き写し、その横にレーニンは「第一行は無意味であり、第二行は天才的である」と書き込んでいます。

彼はひじょうにアグレッシブな本の読み方をしています。本の感想も書いていて、「思考の王国を哲学的に……」というヘーゲルの文章の上に「すばらしい！」という書き込みがあります。

私も本を読みながらニコニコマークを書いたりしますが、レーニンのようにエクスクラメーションマークを付けて「すばらしい！」と書いておくと、気持ちが盛り上がってきます。

ほかにも、四角囲いで自分の意見が書いてあったり、「マッハ主義と比較せよ‼」と注意書きがあったりするなど、レーニンのメモを追っていくと、楽しくなります。

レーニンの読書は、「本から何かつかみ取ってやろう」というガツガツした積極的な意志を感じます。自らが深く関わる読書をしていることがわかります。

たとえば、ヘーゲルの「抽象的なものでなく、死んだものでなく、動きのないものでなく、具体的なものであること」という文章の上にレーニンは「意義深い言葉！　弁証法の精神の本質！」と書き込んでいますが、その一方で別の箇所では「六八—六九ページは絶対者についてのたわごとである」と書いています。

ヘーゲルに対して、「すばらしい！」という部分と「たわごとである」という部分が混在しているわけです。そして自身の意見として「わたしは一般にヘーゲルを唯物論的に読むように努めている。（中略）すなわち、わたしは神とか、絶対者とか、純粋理念とかを大部分はなげすてる」と書いています。

このようにレーニンには自分なりの読み方があり、注意書きには感情がこもっているので、彼のノートは大変興味深いものです。

読書という行為は地味なようですが、そういう行為の果てに一九一七年のボリシェビキによるロシア革命が起こりました。そう考えると、前に紹介した「船中八策」もそうですが、メモといえども、現実を変える大きな力があったことがわかります。

ここから学ぶべきことは、本の読み方です。**レーニンのように感情を込め、自分を関わらせながら本を読むべきです。自分を関わらせるとは、「三色ボールペンの赤や青や緑を使って本を読む」ということです。**

著者が一番言いたいこと、肝心なことを赤でチェックし、まあ大事だと思うことは青でチェックする。そして読んでいる読者である自分が「これは面白い！」と思った箇所や感情が動いたところは緑でチェックし、「すばらしい！」などと書き込んでおけばいいでしょう。

†ソ連侵攻を二五年も前に提言

余談になりますが、実際のレーニンの主張も少し見てみましょう。『レーニン全集』（マルクス＝レーニン主義研究所・レーニン全集刊行委員会、大月書店・一九五九年）を読むと、彼はとても知的な人で、世界の歴史情勢に対して的確な認識を持っていたことがわかります。

『レーニン全集　第31巻』には私が「ほう」と思った一文があります。一九二〇年一二月六日、ロシア共産党・モスクワ組織の活動分子の会合での演説で、レーニンは次のように言っています。

「こんにちの資本主義世界には、利用すべき根本的対立があるであろうか？　三つの基本的な対立がある。私はそれをあげてみよう。第一の、われわれにもっとも近い対立——それは、日本とアメリカの関係である。両者のあいだには戦争が準備されている」。

さらに、

「共産主義政策の実践的課題は、この敵意を利用して、彼らをたがいにいがみ合わせることである。そこに、新しい情勢が生まれる。二つの帝国主義国、日本とアメリカをとってみるなら——両者はたたかおうとのぞんでおり、世界制覇をめざして、略奪する権利をめざして、たたかうであろう」

とあります。両国が戦って疲れたところにつけこんで共産主義社会をつくっていこう、とレーニンは言っているわけです。

この講演はソ連の新聞に載っていたらしいので、日本人でもロシア語のできる人が読んでおけば、終戦直後にソ連が日ソ中立条約を破棄して攻め込んできて、シベリア抑留で多くの犠牲者が出ることも予測できたでしょう。

一九四五年八月九日、広島と長崎に原爆が落ちた直後にソ連は日本に侵攻してきました。そのときレーニンはとうに死んでいたのですが、日本の敗戦の二五年も前、一九二〇年に「日本とアメリカがいがみ合っているから戦争させ、その隙を突こう」と考えていて、その教えを受けたソ連の人たちは虎視眈々とねらっていたわけです。

しかしながら日本はお人好しにも、戦争をやめるに際して、ソ連に仲介を頼もうとしていたのですから、がっくりきます。これは単なる余談ですが、私たちにとって教訓的なエピソードなので、紹介しておきました。

†本を抜き書きし、コメントを加える

ともかく、レーニンの壮大な世界観は読書ノートによって培われたといってもいいでしょう。マルクスも大英博物館の図書室でひたすら本を読み、『経済学批判』や『資本論』

の準備をしていたのですが、レーニンもまた同じ場所で読書ノートをつくり、思考を深めていたわけです。

『哲学ノート』を読めば読むほど、レーニンの恐るべきメモ力、要約力がわかります。レーニンは勝手に自分の考えを書くのではなく、ちゃんと引用文を付けています。つまり引用文によって語らせることで、その思考がすぐにわかるようになっています。

またヘーゲルの本の内容を短く要約するなど、見事な要約力が発揮されています。要するに、彼は、**本の抜き書きとコメントでノートをつくったわけです。**このやり方は私もやったことがありますが、要約力・コメント力がひじょうに養われます。

私は大学時代に、しばしばそういうトレーニングをしていました。法学部の学生でしたので、刑法の重要な部分を抜き書きしてまとめたり、新しい本を読んだら、抜き書きしてそこにコメントすることをよくやっていたのです。

こうしたノートは、将来の財産になります。

ノート以外に、カードに記入する方式もやったことがあります。とくに大学に入学する直前、友達と二人で入学前合宿のようなことをやっていました。カードに社会学や心理学の基礎知識を記入し、「この三日間で心理学をやる」「この三日間で社会学をやる」という課題を立てて勉強し、大学での学問に臨みました。

学問の基礎知識を大学院生レベルにまとめた参考書があったのですが、そういうものを使って、重要なことはどんどんカードに書き出していったのです。

カードがメモ帳がわりになっていたわけです。カードであれ、ノートであれ、**抜き書きし、要約するのは知識を定着させ、思考を深めるためにひじょうに重要です。**

レーニンはつねに命をねらわれていましたので、居場所を一定させない必要がありました。図書館で借りた本をいつまた借りられるかわかりません。ですから借りた本から抜き書きする必要性があったのでしょう。

レーニンは偽名を使って、ロンドンの大英博物館図書室にこもり、「鬼のメモ力」を駆使して、ロシア革命につながる思考を深めました。

この図書館ではほかにもマルクスやアーサー・コナン・ドイル、チャールズ・ディケンズ、ヴァージニア・ウルフなどといった人たちが学んでいました。マルクスは実に約三〇年間もこの図書室に通って、『資本論』などを執筆しました。資本主義国であるイギリスのこの場所で、『資本論』を執筆したのが興味深い点です。

東西で敵対関係になるような思想が、まさにここで生み出されたという点に自由主義国の懐の深さを感じさせます。

大英博物館図書室は中央カウンターを中心に、閲覧席が放射線状に並び、それを取り囲むように整然と本が並んでいます。壮麗で、厳かで、そこにいるだけで思索が深まりそうな素晴らしい図書館です。日本にもこういう場所があると、日本人の知的レベルが高まるのにな、と思います。

図書館で見た本や資料についてメモする、あるいはノートを取る。マルクスやレーニンは、そういうことを学問の方法の中心にしていたわけです。

これも、「鬼のメモ力」の一例です。

「鬼のメモ力」ポイント
読書をしたときは必ずメモを取り、気になるところは書き写して、感想や意見を書き込んでおく。

6　本質をスパッとひと言で言い切る～芥川龍之介『侏儒《しゆじゆ》の言葉』

†命題に関してメモ風に答える練習をする

　メモに近い文章形態で、断章があります。断章とは人生や世の中にたいする洞察を短い言葉で表したもので、箴言とも言われます。

　芥川龍之介の作品で、『侏儒の言葉』という箴言集があります（『芥川龍之介全集7』ちくま文庫・一九八九年所収）。侏儒というのは小人・知識がない人という意味ですから、この本のタイトルは「小人である芥川龍之介の短い洞察を並べました」という体裁を取っています。おそらく、芥川龍之介が思いついたことをメモしておいて、そのメモが作品として残ったという感じでしょう。

　メモとして書き残したものが、後世では立派に作品として残るのですから、まさに「鬼のメモ力」にふさわしいと言えます。

『侏儒の言葉』からいくつか拾ってみましょう。「機智」というところを見ると、「機智に対する嫌悪《けんお》の念は人類の疲労に根ざしている」とあります。一見すると何を言っているのかわかりませんが、要するに「機智に富んだアイデアを嫌うのは、人類が疲れているからだ」という意味でしょう。

ドストエフスキーについては、「ドストエフスキイの小説はあらゆる戯画《ぎが》に充ち満ちている。もっともそのまた戯画の大半は悪魔をも憂鬱にするに違いない」と書かれています。戯画というのは誇張された人物画、カリカチュアのことです。

フローベールに関する洞察では、「フロオベルのわたしに教えたものは美しい退屈もあると言うことである」と書かれています。これは、なかなか面白いひと言です。

ヴィクトル・ユーゴーについても、面白いことを言っています。「全フランスを蔽《おお》う一《いっ》片《ぺん》のパン。しかもバタはどう考えても、余りたっぷりはついていない」。

モーパッサンについては、「モオパスサンは氷に似ている。もっとも時には氷砂糖にも似ている」と言っていますし、エドガー・アラン・ポーのことは、「ポオはスフィンクスを作る前に解剖学《かいぼうがく》を研究した。ポオの後代《こうだい》を震駭《しんがい》した秘密はこの研究に潜《ひそ》んでいる」と言っています。

ドストエフスキーやモーパッサンについて、すぐさまひと言で「何々は何々である」と言うのは難しいと思います。芥川のこれらの言葉は、ほとんどメモに近いものです。**「鬼のメモ力」を鍛えて、芥川のように、短い文章でスパッと本質を言い切る練習をするのはいいことです。**

たとえば理性について、「理性とは何かということをひと言で言ってください。それに関する洞察はありますか?」と聞かれた場合、ふつうであれば、すぐさま返答はできないでしょう。

でも、メモの形で短い文章でスパッと言い切る練習をしていれば、即答できるようになるかもしれません。

ちなみに芥川は、理性について「理性のわたしに教えたものは畢竟《ひっきょう》理性の無力だった」と言っています。理性によって、理性は無力であることを知ったということです。なかなかシニカルです。

また運命に関して、「運命は偶然よりも必然である。「運命は性格の中にある」と云う言葉は決して等閑《とうかん》に生まれたものではない」と言っています。さらに芸術については、「最も困難な芸術は自由に人生を送ることである。もっとも「自由に」と云う意味は必《かならず》しも厚顔《こうがん》にと云う意味ではない」と言っています。

思考するにあたって、このように箴言というかたちで洞察を加えるやり方はゲーム性があって面白いでしょう。

今は情報化社会で、世の中はあらゆる情報に溢れていますが、こんな時代だからこそ、ある命題について自分の考えをスパッとひと言で言い切ってみるのは、面白いかなと思います。芥川の『侏儒の言葉』は、その一例です。

「鬼のメモ力」ポイント

命題に対して、自分の考えや意見をメモにして残しておくと、コメント力が鍛えられる。

7　豊穣な洞察に満ちた言葉の集まり～ニーチェ『人間的、あまりに人間的』

†短いからこそ洞察が素晴らしい

短い言葉で本質を言い当てる箴言のことを、アフォリズムと言います。断章は文章の断片ですが、アフォリズムの場合は、もう少し短い言葉による断章のようなイメージです。ヘーゲルは、「アフォリズムこそが素晴らしい」と言い切っています。アフォリズムは短い言葉が特徴ですが、短いからといって未完成なわけではありません。短いからこそ洞察が素晴らしいのです。

ヘーゲルと同様にアフォリズムを多用した思想家は、ニーチェです。『人間的、あまりに人間的』（『ニーチェ全集』第5巻、第6巻〔全二巻〕、池尾健一・中島義生訳、ちくま学芸文庫・一九九四年）も断章の集まりです。

ニーチェは哲学の体系を長々と書くより、ひと言で本質をつかむような言葉が大事だと考えていました。

ニーチェの中では突き刺すような短い言葉が重要で、メモの総体が著書のようになっています。つまり洞察力をむき出しにして、本質を一気に貫く言葉が大事だと考えていたのです。

ニーチェの著作にはそうしたアフォリズムがあふれており、彼の著作は一種のニーチェメモのようになっています。

『人間的、あまりに人間的』という本には、人間とはどういうものかについて書かれています。

と言っても、「人間は素晴らしい」と絶賛しているわけではありません。人間の本質を見極め、それを乗り越えていくのが、人間を超えた「超人である」とニーチェは言い、アフォリズムを駆使した洞察を述べています。

いくつか挙げてみましょう。『人間的、あまりに人間的Ⅱ』にはアフォリズムに一番から順に番号がふられています。

一五七番には「最も鋭い批評。——或る人、或る書物に対する最も鋭い批評は、その人、その書物の持つ理想を描き出して見せることである」とあります。つまり、そこに書いてある以上の理想を言ってしまうのが、「最も鋭い批評」ということです。

たとえばピカソは才能ある若手の絵の前に立ち尽くし、それらを全部吸収して、よりよいかたちで自分の絵に実現してしまうという離れ業をやったそうです。これこそニーチェの言う「最も鋭い批評」のひとつなのかもしれません。

一六四番には「批評家たちに好意的に。——昆虫が刺すのは、悪意からではなくて、彼らもまた生きんことを求めるからである。われわれの批評家たちの場合もちょうどこれと同じである、——彼らが欲しいものは、われわれの血であって、われわれの苦痛ではない」。

批評家を昆虫にたとえ、昆虫が刺したがっていると言っています。なかなか面白いたとえです。

一六八番には「格言への讃辞。——良き格言は、〈時〉の歯には固すぎる。そして、どの時代にも栄養に役立てられてきたのに、数千年の歳月にも喰いつくされることがない。まさにこの点でそれは、文学における最大の逆説、変転のただなかの不易のもの、塩のようにいつも尊重されつづけ、しかも塩ですらそうなるように味の抜けることの決してない食物である」。

味の抜けることのない食べ物、それが格言である。ニーチェもそういう格言を生みだそうとしていたわけです。

三八一番には「模倣。――粗悪なものは模倣によって名声を博し、優良なものはそれによって名声を失う――とりわけ芸術の世界では」とあります。

†言葉を銛として使い、本質を射抜く

ニーチェは、自分の言葉がすべて格言になるように工夫していました。『ツァラトゥストラ』（「ニーチェ全集」第9巻、第10巻〔全二巻〕吉沢伝三郎訳、ちくま学芸文庫・一九九三年）にも「血で書かれた言葉だけを信じる」「血のインクで書いている」という箴言になりそうな言葉があります。

また『ツァラトゥストラ』には「私は読書する怠け者を憎む」という言葉もあります。本を読むだけではだめで、諳《そら》んじなければならない。血で書かれたものは諳んじられることを望んでいる。覚えられなければだめだと、ニーチェは言っているのです。

ほかにもニーチェの『曙光』（「ニーチェ全集」第7巻、茅野良男訳、ちくま学芸文庫・一九九三年）という本も有名なアフォリズム集です。白水社の全集では、ニーチェの草稿はいまだに時期ごとに「遺された断章」というかたちでまとめられ、断章がたくさん収められ

ています。(『ニーチェ全集 第Ⅱ期第十二巻』氷上英廣訳・一九八五年)。

ニーチェの断章はひとつひとつの切れがいいので、そこからいろんな思想を見いだすことができます。まるで言葉が銛《もり》のようにスパッスパッと本質を貫くのです。

本質把握力があるとすれば、彼の著作はまさに、豊饒な洞察に満ちた、銛のようなメモが集まったものといえましょう。

「鬼のメモ力」ポイント

ひと言で言い切るくせをつけると、本質を見抜く力が養われる。

8 思いつくまま書き進めた優れたメモ集〜兼好法師『徒然草』

†相互に関連性がないのがメモのいいところ

『徒然草』はまさに日本の古典的なメモ集といえます。作品としてはひじょうに完成度が高いのですが、兼好法師は、あのメモ集をいつ終わらせると決めずに、ずっと書き続けていました。

ですからひとつひとつの段はバラバラで、最後は自分の子ども時代の話で終わっています。思いつくまま、メモしているうちに「物狂おしくなり」いろいろなことがどんどん思い出されて、書き続けていったものです。

序段には「心にうつりゆくよしなしごとを、そこはかとなく書きつくれば、あやしうこそものぐるほしけれ」とあります。**心に浮かんだことを何となく書き付けた。そういう意味では優れたメモの例です。**

体裁としては随筆ですが、実態は自分にとってのメモ帳のようなものだったのではないでしょうか。「そういえば、仁和寺の法師にはこんな話があった」「あんな話もあった」と思い出してはメモしていった。そういう作品ではなかったかと思います。

ですから、中にはひじょうに短いものもあります。たとえば、一二七段の「改めて益なき事は、改めぬをよしとするなり」というところは、この一文だけです。

作品として完成させることが目的ではないので、そこに書かれたひと言だけで完結させてしまう段もあるのです。

二二九段は「よき細工は、少し鈍き刀を使ふと言ふ。妙観が刀はいたく立たず」というこの二文だけです。「名工は少し鈍い刀を使う。妙観の刀はそんなに切れ味がよくなかった」というこの二文で構成されているので、本当にメモそのものです。

『徒然草』は序段を含めて二四四段から成りますが、次々に書きつらねているだけです。相互に関連がないというのが、メモのよさです。とにかく次々書いてみると、自分なりの「自分徒然草」ができあがるでしょう。文脈と関係なく「これはこれ」という感じで書きすすめられるのが、メモのいいところです。

「鬼のメモ力」ポイント

日常生活で感じることをつれづれなるままに書きつづり、「自分徒然草」をつくってみよう。

9　平安時代のカリスマブロガー～清少納言『枕草子』

†羅列することでセンスが全開になる

他にも有名なメモの作品集があります。清少納言が書いた『枕草子』（上坂信男・神作光一・湯本なぎさ・鈴木美弥訳注、講談社学術文庫・一九九九年）もそのひとつです。『枕草子』は「鬼のメモ力」が極度に発揮されている作品だと思います。

私は『枕草子』の全文を読みましたが、全部読むと大変なメモ量であることがわかります。冒頭は「春は曙」という有名なフレーズから始まります。

『枕草子』も一から順番に番号がついていますが、一一番に「山は何々がいい」という段があります。単純に「山は何がいい？」と聞かれたら誰でも挙げることができると思いますが、清少納言は小倉山、鹿背《かせ》山、三笠山というように山を延々と列挙しているだけです。

このあたりがいかにもメモ的です。

ほかにも二四番の「たゆまるゝもの」（気がゆるんでしまうもの）という段では「たゆま

る、もの。精進《さうじ》の日のおこなひ。遠《とを》きいそぎ。寺に久《ひさ》しくこもりたる」とあります。単純に「こういうときは気がゆるんでしまいます」ということをあげています。

二五番には「人にあなづらる、もの」（人から見下げられるもの）というのがあります。「人にあなづらる、もの。築土《ついぢ》のくづれ。あまり心よしと人に知《し》られぬる人」。築地や土塀が崩れていたり、度を過ぎてお人よしと知られている人は軽んじられる、と言っています。

二九番の「心ゆくもの」（心満たされるもの）というのがあります。「心ゆくもの。（中略）夜寝《よるね》おきて飲《の》む水（以下略）」。このように、細かいことがたくさん列挙されているところがいかにもメモ的で、面白いと思います。

さらに七一番に「ありがたきもの」（めったにないもの）というのがあります。「ありがたきもの。舅《しうと》にほめらる、婿《むこ》。また、又姑《しうとめ》に思《おも》はる、嫁《よめ》の君。毛《け》のよくぬくる銀《しろがね》の毛抜《けぬき》。主《しう》そしらぬ従者《ずさ》。つゆ露のくせなき」。

これらは、めったにないものだということです。

あるいは、九〇番に「かたはらいたきもの」（いたたまれないもの）というのがあります。「横で見ていて、いたたまれないものは何でしょうか」ということで、具体的にいろいろなものを挙げています。

自分でお題を出し、自分で答えているので大喜利に近いと言えるでしょう。このように、具体的な列挙を延々と続けることにより、センスが全開になります。なぜなら「めったにないものって何だっけ?」と**自分の経験知のすべてを「めったにないもの」に集中し、記憶を網ですくっていくことで、精神がフル稼働するからです。**

おそらく『枕草子』も今でいう日記やブログ風のもので、清少納言が思いついたことを書きつけていったのだと思います。

今、多くの人がインスタグラムやツイッター、ブログなどをやっていますが、その先駆けが清少納言です。清少納言はいわゆるカリスマブロガーみたいな感じでしょう。今の時代に清少納言がネットで発信していたら、大変な人気を博しただろうなと思います。『枕草子』は、現代のインスタやブログだと考えると、かなり興味深く読めるのではないでしょうか。

「鬼のメモ力」ポイント

お題を決めて、答えを羅列していこう。言葉のセンスが磨かれる。

10　日本語の斬新さとメモ力では清少納言に匹敵～滝沢カレンのインスタグラム

†SNSは自分のためにメモを取る気持ちでやる

今は日常で思いついたことをどんどんメモしていくことが、SNSを通して全開になっている時代です。私は「いいね！」が何個付くかを気にしすぎなければ、SNSもどんどんやっていいと思います。

「いいね」を気にすると疲れてしまうので、自分のためにメモを取る気持ちでやればいいでしょう。

ニーチェも自分の著作について「自分の将来のためにやっているのだ」と言っています。そう考えると、インスタグラムも自分のための一種の生活メモです。インスタは写真とセットのメモなので、あまり見栄を張ったりすると疲れますから、あくまで見せびらかすのではなく、自分のためにやるものと認識しておきましょう。

私がけっこう好きで見ているのは、タレントの滝沢カレンさんのインスタグラムです。

その日本語があまりにも面白いので、つい引き寄せられて見てしまうのです。

彼女のインスタは、ひじょうに独特な日本語で書かれています。フォロワーが一〇〇万人を突破しているそうですから、すごいのひと言しかありません。

たとえば、「絶対読んでください」と書かれた写真が載っている二〇一七年一二月八日の投稿では、二〇一八年二月二日に本が出ることを報告しています。「カレンのタンスなどで、活躍が目覚ましくないつもりで眠っているタンスの中身をひっくり返し、かき集めた私服も載っていります」など、日本語としてはちょっと面白すぎるものが多くて、目が離せません。

たとえば二〇一七年一一月一一日の投稿を紹介してみましょう。

「みなさん、こんにちは。私は今まぎれもなく東京ではない所まで来ています（もちろん仕事）。国内をひょいひょいと行き来でき、同じ日本だっていうのになんだかんだで謙虚な人間たちだともしくは海外からささやかれているとしても、見たらわかる個性を爆発させる国内の各場所場所がとても好きです。みなさま、今日は自宅にいますよね?! 本日は21:00～日本テレビさんにて「嵐にしやがれ」にてデスマッチ勝負（甘いもの版）みたいなやつに出ます。なんとも攻め立ててくる題名ではありますが、現場はなんなら攻め感などはかんじず、みなさん、ただただ穏やか中の穏やかな態度での番組で、言うならば、クイズによって甘いものを食べるか争うので、いざというときの食べたい気持ちが爆発している私のずうずうしさをご覧ください。土曜日のこんな時間に、こんな物を見せていいのかという程の、みなさまの胃袋に興味を持たさせてしまう内容ですが、どうぞ座りながら腹中のお祭り騒ぎをお楽しみください。そして存分に明日、日曜日に食べに行ったらいいじゃないですか。それでは、21時に会いましょう……」。

ほんとうに面白い日本語です。**彼女の話を聞いていると、新しい日本語を発見したときのようなワクワク感を感じてしまいます。**

✝今の時代は期せずしてみんながメモマニアに

彼女は、『全力！脱力タイムズ』（フジテレビ）という番組の「滝沢カレンの世界美食遺産」というコーナーで、ナレーションをしています。私はこの番組に出ているので、彼女のコーナーを必然的に見るのですが、「笑わない番組」という前提で出ているのについ笑ってしまいます。

彼女のインスタの二〇一七年五月一七日の投稿を見てみると、この『全力！脱力タイムズ』の楽屋の入り口で写している写真に長い文章が添えられています。その文章も抱腹絶倒でした。

彼女は日々、思いついたことや感じたことをつれづれに書いています。『徒然草』や『枕草子』の伝統がこんなところに生きているのだと感心してしまいます。

一日の出来事や感想をSNSにメモすることが当たり前になっているという意味では、今はみんなが期せずして清少納言や吉田兼好になっていると言ってもいいでしょう。すごい時代になってきたなと思います。その中でも独自な道を走っているのが滝沢カレンさんです。

「鬼のメモ力」ポイント

SNSをやるなら新しい日本語に挑戦してみよう。

11　心象風景をメモしながら旅を続ける
～松尾芭蕉『おくのほそ道』『野ざらし紀行』

†俳句は心象風景を記録に残すもの

メモ力の例としては、芭蕉の『おくのほそ道』や『野ざらし紀行』もあります。これは旅の記録集です。旅をするときどきで「これはあとで使えるかもしれない」ということを、俳句やメモの形で書きつけておいたものです。

みなさんも旅をするときは、軽いメモをつけておくといいと思います。芭蕉の俳句も言わば心象風景のメモのようなものです。メモをつけたり、俳句をつくりながら旅をするのは、ただ旅行したり、写真を撮るのとは違う、心の心象風景が残せます。

自分の心に映り、刻まれたものを五七五の短い言葉で残すのですから、言葉のセンスが磨かれていくでしょう。

俳句の伝統は、一種の凝縮されたメモであるとも言えます。芭蕉は『おくのほそ道』を旅行記というより、どちらかというと文学作品として書いたわけですが、道中のところどころで俳句をつくっているのは、そうするのが幸せだったからでしょう。なかなか、かっこいい生き方です。

みなさんは『おくのほそ道』をよく知っているでしょうから、ここではあえて『野ざらし紀行』から、「鬼のメモ力」の例を挙げてみましょう。

『野ざらし紀行』の最初のところに、

「野ざらしを　心に風の　しむ身かな」「秋十とせ　却《かえ》つて江戸を　指す故郷」

という句があります。これらの句はなんと、芭蕉直筆のものが残っています。よく残っていたなと思います。

「野ざらし」とはしゃれこうべ・髑髏《どくろ》のことですから、野ざらしになることを覚悟して旅に出たという意味です。道中には捨て子がいたりして「猿を聴く　人捨て子に　秋の風いかに」という句もあります。

また『野ざらし紀行』ではありませんが、二度目の帰郷の折に小夜の中山でつくった「命なり　わづかの笠の　下涼み」という句は、西行の「年たけて　又こゆべしと思ひきや　命なりけり　佐夜の中山」を踏まえています。とにかく芭蕉はこういう句をつくりながら、旅をしていたわけです。

風流で、かっこいい生き方だと思いませんか。

「鬼のメモ力」ポイント

旅行をするときは、心象風景を俳句でメモすると風流である。

12　ナポレオンを勝利に導いた伝言メモの威力〜ナポレオン『ナポレオン自伝』

†伝達ミスをなくすためにメモを多用

ナポレオンはメモを書きまくって部下に指示を出したことで有名です。『ナポレオン自伝』（アンドレ・マルロー編・小宮正弘訳、朝日新聞社・二〇〇四年）によると、彼は馬車でもどこでも指示をメモ書きし、それを部下に渡していきました。

あるいは部屋の中を歩き回り、考えながら、指示をメモ書きして、部下に渡していたそうです。

ナポレオンは戦争をしながら移動していることが多かった人です。部隊を配置する場所やその方法を指示する場合、伝言の途中で間違えたら、取り返しがつかないことになります。

そこで彼は指示をいちいちメモに書いて、部下に渡すということをくり返していました。これは彼の知力、行動力のすごさを示すエピソードだと思います。

ナポレオンは戦争がうまかっただけでなく、知力にも優れていました。何をどこに投入すればいいのか、自分の戦力について数学的に思考することができた人間です。総合的に俯瞰して、局所的に兵力を配分しながら、確実に勝利を重ねていきました。

彼の指示が曖昧だと部下は動けませんが、指示をメモに書いて渡せば、「こっちに行けばいいんだな」ということがわかるので、伝達のミスが少なくなります。

人の記憶の再生能力には限界があります。どんなに頭がいい人でも、五つ聞いたらひとつぐらい漏れてしまうでしょう。ふつうの人なら三つぐらい漏れてしまうかもしれません。それをメモに書いておけば、たとえ頭が悪い人でも、すべてこなすことができます。今であればメールを出すということでしょうが、メールがなかった当時はメモを最大限に活用したわけです。

†戦争に関する鋭い洞察を箴言に残す

ナポレオンも箴言をたくさん残しています（『ナポレオン言行録』オクターヴ・オブリ編、大塚幸男訳・岩波文庫）。

たとえば、戦争についてこんな記述があります。「戦争は奇妙な技術である。私は六十回もの戦闘を交えたが、早くも第一回の戦闘のときから知っていたこと以外には何一つ学ばなかった」。

さすが、すごい考察です。

「戦争においては、天才とは事実の中で思索することである」

「軍学とは与えられた諸地点にどれくらいの兵力を投入するかを計算することである」。

「一つの戦闘は始まりと、真ん中と、終りとのある劇的行動である」

「一つの戦闘の運命は一瞬の結果であり、一つの思想の結果である。（中略）そして決定的な瞬間が来ると、一つの精神的火花が物をいう（以下略）」

などとあります。また彼は、戦闘についてはリアルなことを言っています。

「軍学はまずあらゆるチャンスをよく計算し、次に、偶然というものを、ほとんど数学的に、正確に考慮に入れることに在る。（中略）けだし創造のあるところにはどこでもそのような科学と精神の働きとが必要であり（以下略）」

「それゆえ「偶然」は凡庸な精神の持主たちにとっては常に一つの神秘としてとどまっているが、すぐれた人々にとっては一つの現実となる」

短い文ですが、鋭い洞察にあふれています。

†短い文章で考えを伝えた布告の内容

ナポレオンには、布告というのもあります。アンドレ・マルロー編『ナポレオン自伝』(小宮正弘訳、朝日新聞社・二〇〇四年)を読むと、いろいろな布告が載っています。

たとえば「学士院会員、総司令官ボナパルトの布告」では「エジプトの諸民族よ、本官は諸君らの宗教を破壊しにきたのだと言いふらす者もいよう。しかしそんなことは信じてはいけない! (中略) 本官がきたのは諸君らの権利を取り戻し、無法な横領者どもを罰するためであり、神とその預言者とコーランに敬意を払う点にかけては本官はマムルーク以上である」などと布告したと記されています。

彼は、このような軍への布告をよくやっていました。「海上にて。軍への布告」というものもあります。

「兵士たちよ! 諸君らはこれから世界の文明と商業のうえに計り知れぬ作用を及ぼすことになる征服に乗り出すのだ」。

兵士たちへの布告なので、短い文章で指令を出さなければなりません。そのため指令・ミッション、あるいは自分の基本的な考えをスパッと述べています。

そもそもナポレオンは自己肯定力のかたまりで、自分の勝利を信じて疑っていませんでした。彼はしばしば「おそらく私は、私の成功を数学的思考に負うている」と言っていて、布告も指令も短くて、迫力に満ちています。

「鬼のメモ力」ポイント

仕事のミスをなくすには、メールやメモで文章として伝えよう。

13　抜き書きを続けることで想像力を養う〜トルストイ『文読む月日』

†賢者の抜き書きがもっとも役に立つ本だった

トルストイの『文読む月日』（全三巻　北御門二郎訳、ちくま文庫・二〇〇三〜〇四年）は、トルストイ自身が集めた賢者の言葉のアンソロジーを日付を追ってつづってあります。一〇月一日には「自分の知識がいかに微小かを意識するようになるには、人は大いに学ばなければならない」とあります。これはモンテーニュの言葉の引用です。

また一一月二七日には、「自分自身にとっての灯明たれ。自分自身にとっての避難所たれ。汝の灯明を掲げ、ほかの避難所を求むるなかれ」とあります。これは仏陀の言葉です。トルストイは「何月何日にはこれを学び、これをいい文章だと思った」ということを、次々とメモしているわけです。

たとえば一一月二六日は、セネカから引用しています。「人間は一人で迷うものではない。誰にしても自分が迷えば、その迷いを周囲の人たちにまで広めるものである」。「お説教で人を善に導くのは困難だけど、実例で導くのは容易である」。

一〇月二八日には「苦悩は活動への拍車である。そしてわれわれは、活動のなかに生命を感じる」とありますが、これはカントからの抜き書きです。トルストイはカントからこんな言葉を学んでいたのか、ということがわかります。

とにかくトルストイは、「これがいいな」と思ったところをメモして引用するというひじょうにまめなことをやっています。

彼は『アンナ・カレーニナ』や『戦争と平和』のような長編小説を書くぐらいですから、大変な想像力を持っていたわけですが、その背景となったものは、自分に役立つことを引用してひたすら抜き書きしたメモでした。彼はメモを書きつけるという地味な作業を熱心にやって、想像力を培っていたわけです。

彼自身が、この引用集について「自分の著述は忘れ去られても、この書物だけは、きっと人びとの記憶に残るに違いない」と語っているぐらいです。

このように「いいな」と思った文章を抜き書きするのは、自分を成長させる糧になります。レーニンの『哲学ノート』も哲学者の抜き書きとそれに対する自分の意見をまとめたものですが、トルストイのように、純粋に抜き書きするだけでも、豊かな想像力を養う基礎になるのです。

「鬼のメモ力」ポイント

「これは」と思った言葉を抜き書きして集めておけば、自分だけの『哲学ノート』になる。

14　親子の大事なやりとりを書き留める〜宮本常一『家郷の訓』

†父から子へ思いを伝える珠玉のメモ

民俗学者であり、社会教育家でもあった宮本常一の『家郷《かきょう》の訓《おしえ》』（岩波文庫）は、父からの教えを書きつけたものです。

文中に「この父が私の出郷に際して実に印象的な言葉をいくつか言いきかせ、これを書きとめさせた」とあり、続けてその教えが記されています。

「一、自分には金が十分にないから思うように勉強させることができぬ。そこで三十まではおまえの意志通りにさせる。私も勘当した気でいる。しかし三十になったら親のあることを思え。また困ったときや病気のときはいつでも親の所へ戻って来い。いつも待っている」

「二、酒や煙草は三十までのむな。三十すぎたら好きなようにせよ」

「三、金は儲けるのは易い。使うのがむずかしいものだ」

「四、身をいたわれ、同時に人もいたわれ」

「五、自分の正しいと思うことを行なえ」

宮本さんは「これによって私の新たなる首途《かどで》がなされたのである。これらの言葉の中に含まれているものは新しい意志である」と書いています。これらはさほど珍しい言葉ではありませんし、数も多くはありませんが、父親の魂・経験知が凝縮して言葉に現れています。

父親は「お前はこの島（周防大島）を出て、もう二度と帰らないだろう」と言い、宮本さんにこれらの言葉を書き留めさせました。**人生で一番大事な親子のやり取りを書き留めて、その後に生かすというケースです。**ちょっとしたメモでも、それが人生の指針になる珠玉の言葉になることもあるのです。

「鬼のメモ力」ポイント
親から言われた言葉をメモに残しておこう。人生で大事な指針になるだろう。

15　目標を達成するためのメモ～大谷翔平選手「目標達成シート」・中村俊輔選手『夢をかなえるサッカーノート』

†大谷翔平選手を育てた「目標達成シート」

メジャーリーグに移った大谷翔平選手の活躍は、日本のみならずアメリカでも注目を集めています。彼の成長を支えたものとして、最近とりあげられているのが、彼が高校時代につくったという「目標達成シート」です。佐々木洋監督からすすめられたこのシートは、一枚の紙を九マスに仕切り、中央に「かなえたい目標」、周りを囲む八マスに「その目標を達成するために必要な要素」を書きつけていくものです。

さらに一つ一つの要素について、それぞれ九マスの目標達成シートをつくっていきます。そしてその要素を達成するためには、どんな行動が必要か、「具体的な行動目標を」八マスに書き込んでいくわけです。

できあがると、九×九のマスの中央に「かなえたい目標」がドンとあり、周囲を「その目標を達成するために必要な要素」が囲み、さらにその周辺には要素を達成するために必

［大谷翔平選手が花巻東高校１年生の時に立てた目標達成表］

体のケア	サプリメントをのむ	FSQ 90kg	インステップ改善	体幹強化	軸をぶらさない	角度をつける	上からボールをたたく	リストの強化
柔軟性	体づくり	RSQ 130kg	リリースポイントの安定	コントロール	不安をなくす	力まない	キレ	下半身主導
スタミナ	可動域	食事 夜7杯 朝3杯	下肢の強化	体を開かない	メンタルコントロールをする	ボールを前でリリース	回転数アップ	可動域
はっきりとした目標、目的をもつ	一喜一憂しない	頭は冷静に心は熱く	体づくり	コントロール	キレ	軸でまわる	下肢の強化	体重増加
ピンチに強い	メンタル	雰囲気に流されない	メンタル	ドラ1 8球団	スピード 160km/h	体幹強化	スピード 160km/h	肩周りの強化
波をつくらない	勝利への執念	仲間を思いやる心	人間性	運	変化球	可動域	ライナーキャッチボール	ピッチングを増やす
感性	愛される人間	計画性	あいさつ	ゴミ拾い	部屋そうじ	カウントボールを増やす	フォーク完成	スライダーのキレ
思いやり	人間性	感謝	道具を大切に使う	運	審判さんへの態度	遅く落差のあるカーブ	変化球	左打者への決め球
礼儀	信頼される人間	継続力	プラス思考	応援される人間になる	本を読む	ストレートと同じフォームで投げる	ストライクからボールに投げるコントロール	奥行きをイメージ

（注）FSQ、RSQ は筋トレ用のマシン

要な「具体的な行動目標」が囲むという曼陀羅のようなメモができあがります。**大谷選手は毎日このメモを見て、自分の一番かなえたい目標を心に刻み、そのためにやらなければならないことを確認していたわけです。**

彼がここまで成長できたのは、このメモの存在が大きかったと言ってもいいでしょう。夢や目標は漠然と頭の中で思っているだけでは実現しません。つねに目で見て確認し、日々の行動に落としていく。さらに日々の実践がたんなるルーティンにならないよう、何のためにそれをやるのか、大きな目的と結びつけながら、頂上をめざして着実に進んでいく道筋を示したのが、「目標達成シート」というメモだったのです。

†日記も手帳もなく、サッカーノートだけをよりどころに

サッカー日本元代表の中村俊輔選手の『夢をかなえるサッカーノート』（文藝春秋・二〇〇九年）も、「鬼のメモ力」の参考になります。

彼は「まっさらなノートの1ページ目に必ず書くのは、短期、中期、長期の目標だ」と書いています。**サッカーノートだけがよりどころで、そこに自分の経験を全部書き込み、これを軸にして自分の向上心をかきたてていました。**十代の頃からしっかり目標を書き、

一歩一歩前進していったのです。

「17歳のときに先生に教えてもらったことを今でも続けている」と書いてありますから、そういうことをかなり以前からやっていたようです。

また横浜F・マリノスのオズワルド・アルディレス監督の練習が印象的だったということで、それについて書き留めています。

「僕がトレーニングメニューを書き留めるのは、将来、もし自分が監督になったらそのときに役立てたいと思うのもあるが、一番の理由は、その練習の意図を記憶しておくためだ」とメモしており、自分のあらゆる経験を、この一冊にメモしておこうという強い意志を感じます。

俊輔が日本代表に招集されてしばらく所属のレッジーナを離れるときには、通訳に頼んで、その間のレッジーナの練習メニューを日本に送ってもらったそうです。

「(練習が)刺激的なときほどノートに書く量が増える」とあって、トレーニングメニューをいつもちゃんとメモしておいたことがわかります。

彼のメモには、アルディレス監督のトレーニングメニューやセルティックのゴードン・ストラカン監督のトレーニングメニューのメモもあります。今までやったトレーニングメニューや、今やっているトレーニングメニューを書き留めておかないと、忘れてしまうからでしょう。

「体は忘れてしまっていても脳だけでも呼び覚ませれば、ノートに書いておいた意味がある」と書いていますから、「身体は覚えてるから大丈夫」ということではなく、きちんと書いておくことが大事だと知っている人間です。

成功ではなく成長に必要なことを書き留める

また、トレーニングメニューだけでなく、日々の気づきもたくさん書き込まれています。イメージをかきたてるために絵にしたメモも残っています。

たとえば、ゴールに向かってどういうふうに蹴るかというイメージ図が載っています。言葉だけでなく、イメージ図を描いておくと、場面がストックされます。「頭の中にその完成形が描けていないと、成功は程遠い」と書いていて、ほんとうに絵に描いて残しています。

ノートには、自分が成功したことを書いてあるわけではありません。二〇〇六〜〇七シーズンのUEFAチャンピオンズリーグに初出場し、マンチェスター・ユナイテッド戦でフリーキックを決めた大成功についても書かれていません。**成功を書き留めるのではなく、自分の成長にとって必要なことを書いておくというスタンスです。**だからこそ、サッカー選手として成功をおさめたあとも、一五年間ノートを書き続けているのです。

ノートは一一冊に及んでいますが「11冊のノート、1冊1冊に思い入れがある。僕の宝物だ」と書いています。向上心を維持し、なおかつ具体的に向上していくためのよりどころになっているわけです。

ノートをつければ必ず結果が出るわけではありませんが、サッカーが上達するために労力を厭わず、妥協を一切しないという姿勢がノートを取る行為にあらわれています。

要するに、いつも意識を高めておくということでしょう。ノートを取ることによって意識を高めるから、一〇〇パーセントの力で事に臨むことができる。ノートを付けることによって、そうした構えができていきます。

私も部活動の指導でノートを付けたことがありますが、そうすることで意識が高まり鮮明になった経験があります。トレーニングノートをつけるのは、そういう意味があるのです。

「鬼のメモ力」ポイント

目標をかなえるための「目標達成シート」や「夢ノート」を書いてみよう。

16　考えを吐き出すカタルシス装置としてのノート〜三木清『人生論ノート』

†考察ごとに一行あけて書きつらねる

哲学者の三木清に、『人生論ノート』という本があります（『人生論ノート　他二篇』角川ソフィア文庫・二〇一七年）。彼は反戦容疑で逮捕され、獄中死した人です。

『人生論ノート』は幸福や死、習慣などについて考えた短い文章です。一見わかりにくい文章ですが、それほど難しいことばかり書いてあるわけではありません。

たとえば「習慣について」という考察では、「習慣が技術であるように、すべての技術は習慣的になることによって真に技術であることができる。どのような天才も習慣によるのでなければ何事も成就し得ない」とあります。内容はわかりやすいと思います。

また「習慣によって我々は自由になると共に習慣によって我々は束縛される」というのもうなずけます。

「孤独について」では「孤独は山になく、街にある。一人の人間にあるのではなく、大勢の人間の「間」にあるのである。孤独は「間」にあるものとして空間のごときものである」とか「孤独には美的な誘惑がある。孤独には味わいがある」という言葉があります。それぞれの考察ごとに一行あけて、「孤独はこうである」ということを書き連ねているところが、ちょっとノートっぽい感じがします。

私も若いとき、短い文章で書き連ねていくノートを付けていました。自分の考えが煮詰まってくると苦しくなるので、そのつど吐き出すように書いていました。**ノートは、自分の考えを吐き出す場所でもあります。**「いろんなことを考えたから、もう外に出させてもらおう」という感じで、カタルシスというか排泄していくイメージです。ノートに書くメモには、そういう働きもあります。

「鬼のメモ力」ポイント

自分の考えを排泄するノートをつけると、すっきりする。

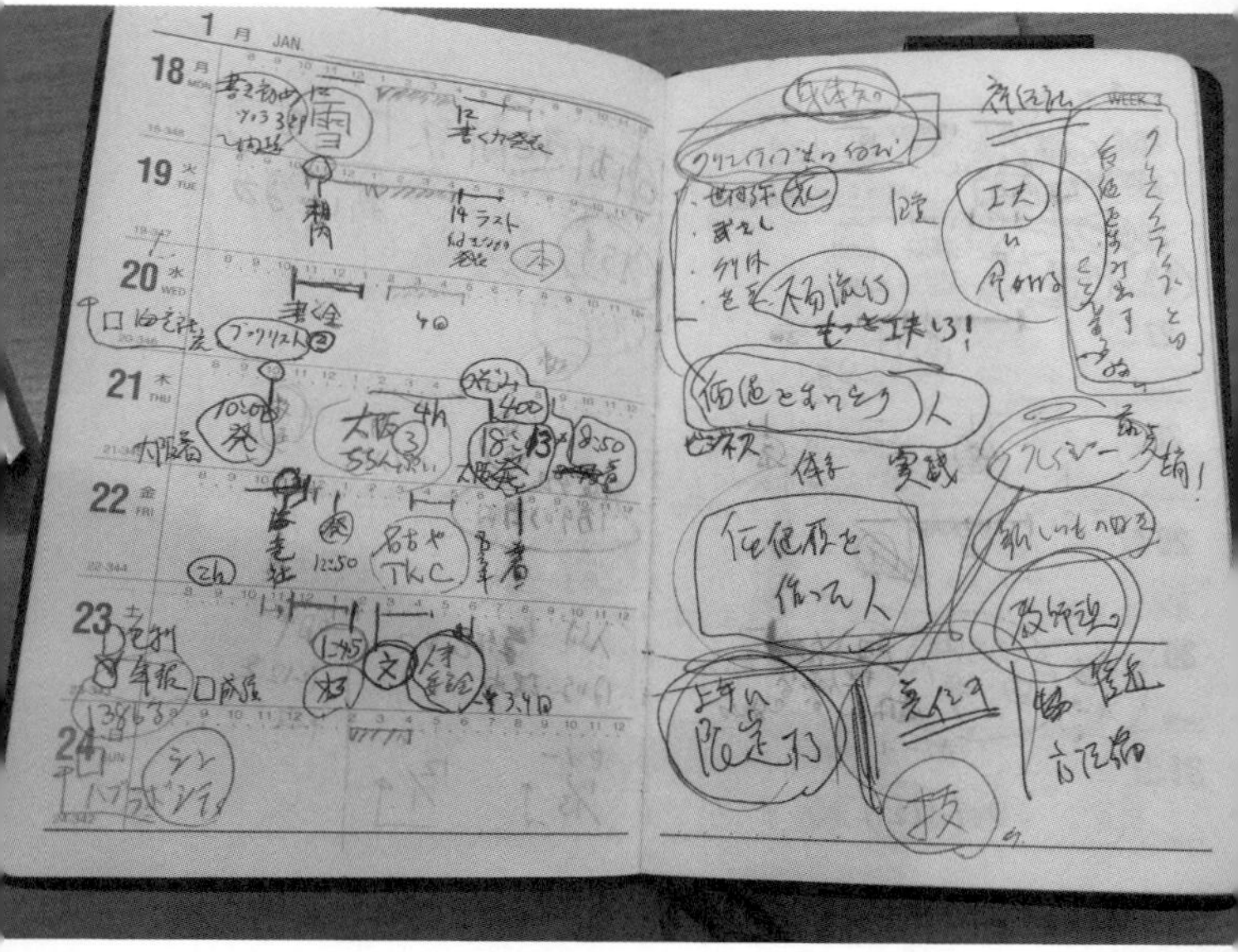

第六章

「鬼のメモ力」実践篇

著者の手帳のメモ

†メモ力を面接対策用のシートに活かす

私は大学の授業で、「鬼のメモ力」をつけるよう学生たちを指導しています。これから例であげるのは、彼らがメモ力を発揮してさまざまな場面で活用した「鬼のメモ力」の実践例です。

最初にあげるのは、面接対策用につくられたメモです。教員採用試験にのぞむにあたって、**採用試験を受ける学校の教育方針や校訓、人間力など項目ごとにメモをつくって、質問されたときにどう答えたらいいいかを記してあります。**

たとえばコミュニケーション力について聞かれたら、どう答え、どういうネタで話せばいいかがわかるようにしてあるのです。「何の本を読んだか」という質問にもすぐ答えられるよう、書名もメモしてあります。

さらに面接までのスケジュール管理として、「タスクは付箋でドアに貼る」「完了したら一本線で消す」といった作業についても、忘れないようメモしてあるところが特徴です。

[面接対策用のシート]

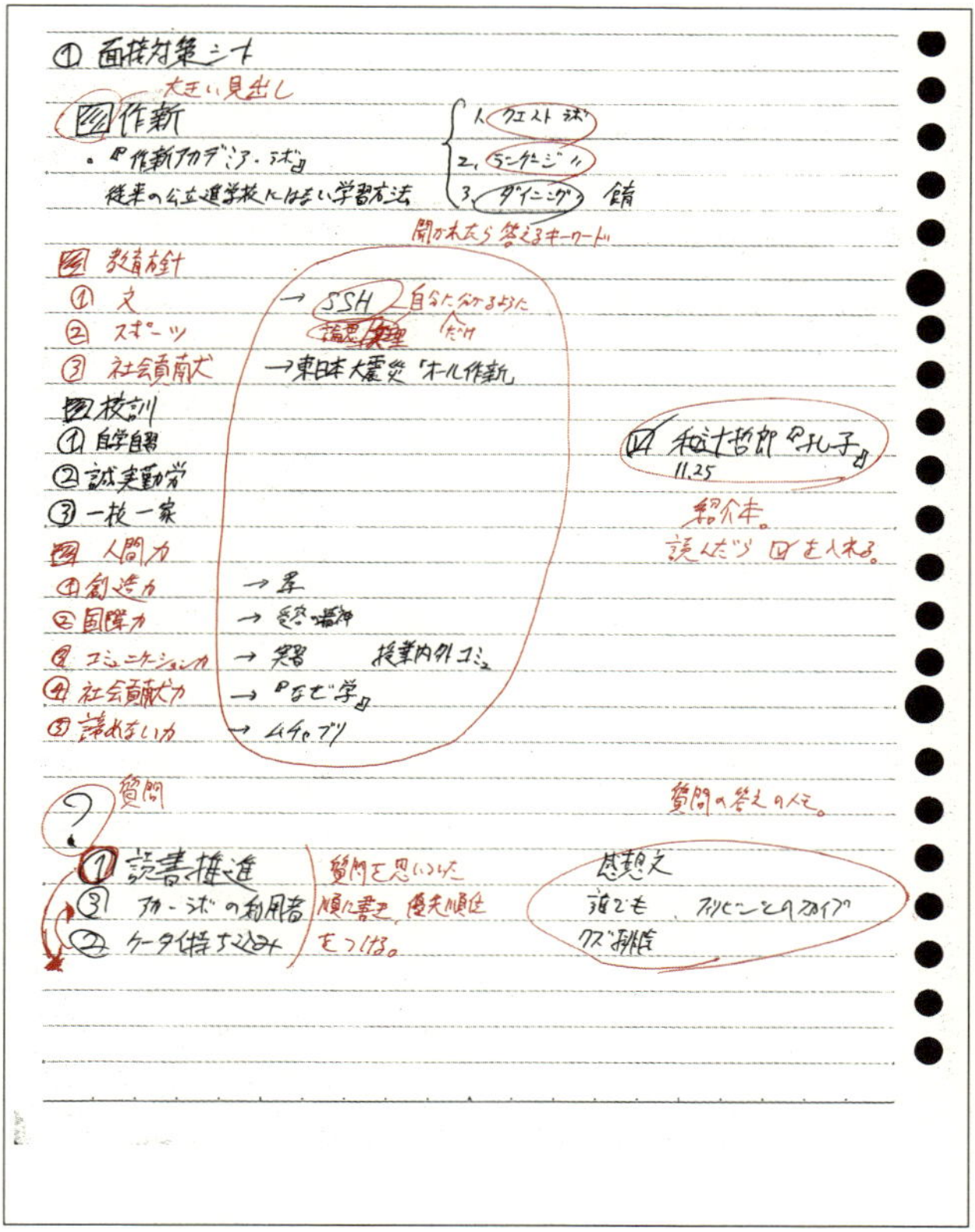

① 面接対策シート
大きい見出し
作新
・『作新アカデミア・ラボ』
従来の公立進学校にはない学習方法
1. クエストラボ
2. ランゲージ 〃
3. ダイニング 館
聞かれたら答えるキーワード
教育方針
① 文 → SSH
自分たち分かるように
② スポーツ
③ 社会貢献 → 東日本大震災「オール作新」
校訓
① 自学自習
② 誠実勤労
③ 一校一家
人間力
① 創造力 → 学
② 国際力
③ コミュニケーション力 → 実習 授業内外コミュ
④ 社会貢献力 → 『なぜ学』
⑤ 諦めない力 → ムチャブリ
和辻哲郎『孔子』
11.25
紹介本。
読んだら ☑ を入れる。
質問
質問の答えのメモ。
① 読書推進
③ カフェ・ラボの利用者
② データ集め込み
質問を思いついた順に書き、優先順位をつける。
感想文

†新しいアイデアを生むためのメモ力

次に、ある学生は「メモを取るときに心がけていること」を書き出し、「新しいアイデアを生むためにメモで気をつけていること」として、図解、記号でわかりやすく、思いついたことを書き出す、つながりを意識するといったことをあげています。そして例として卒論のインタビューをあげています。

次のページにあげたのは実際のメモです。録音しながらメモを取っているわけですが、「これがこうつながっている」ということを矢印で示しています。そして話を聞きながら、疑問点をどんどん横に書き出しています。メモしながら、次の質問につなげていくというやり方です。また図解を入れて、AとBの比較をしています。図解を入れるのは、物事を構造化してとらえるにはひじょうにいいやり方だと思います。

メモというと、相手が言ったことを書き留めるという印象がありますが、それだけではなく、この人のメモのように**図解をしたり、自分の疑問点や新しいアイデアを書いたりといった創造的なメモづくりもあります。**

[新しいアイデアを生むためのメモ]

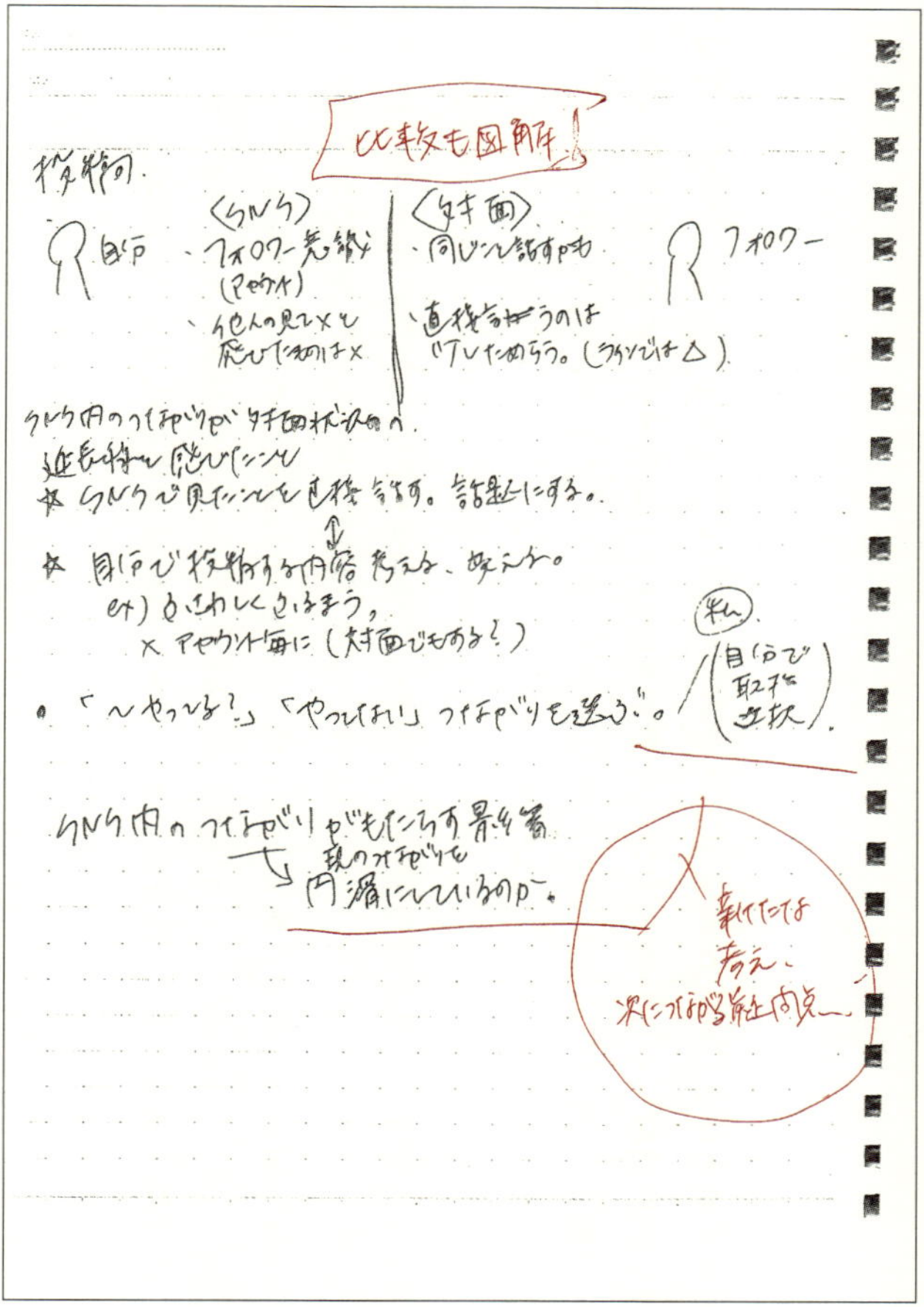

†二分割してわかりやすいメモをつくる

ノートを二分割してメモするやり方もあります。ある学生は、「西洋史文化論」というテーマでアンデルセンの童話やディズニー映画についてメモしています。

まずノートに縦線を引いて、左側に先生が話している「事柄」を書き、右側にはそれに対応する例や自分の考え、アイデアを書いていきます。

事柄、つまり本筋と自分の意見を分けているので、二分割になっているわけです。このメモは、メモというよりノートに近いと思います。

きちんとノートを取るタイプの人は、メモを取るときも、どうしても相手が言ったことを忠実に書き留めようとするので、クリエイティブなメモ力に近づけません。「鬼のメモ力」を身につけたいなら、相手が言ったこと＝事柄と、自分が考えたり、疑問に思ったり、思いついたことを二分割に分けて、メモしていくやり方をすると、とっつきやすいと思います。

［ノートを二分割する］

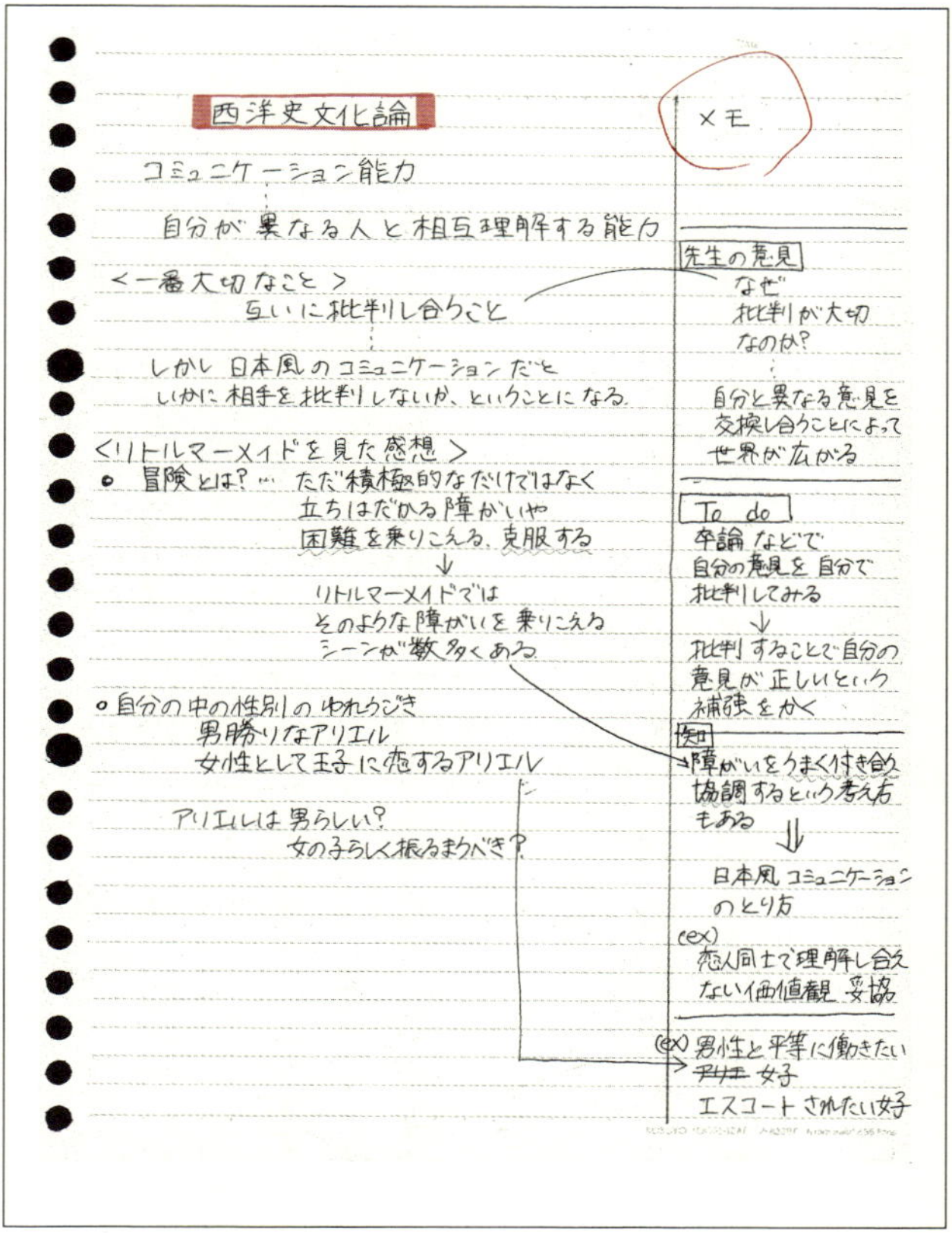
西洋史文化論
コミュニケーション能力
自分が異なる人と相互理解する能力
＜一番大切なこと＞
互いに批判し合うこと
しかし日本風のコミュニケーションだと
いかに相手を批判しないか、ということになる。
＜リトルマーメイドを見た感想＞
冒険とは？… ただ積極的なだけではなく
立ちはだかる障がいや
困難を乗りこえる、克服する
リトルマーメイドでは
そのような障がいを乗りこえる
シーンが数多くある
自分の中の性別のゆれうごき
男勝りなアリエル
女性として王子に恋するアリエル
アリエルは男らしい？
女の子らしく振るまうべき？
メモ
先生の意見
なぜ
批判が大切
なのか？
自分と異なる意見を
交換し合うことによって
世界が広がる
To do
本論などで
自分の意見を自分で
批判してみる
批判することで自分の
意見が正しいという
補強をかく
疑問
障がいをうまく付き合い
協調するという考え方
もある
日本風コミュニケーション
のとり方
(ex)
恋人同士で理解し合え
ない価値観 妥協
(ex) 男性と平等に働きたい
女子
エスコートされたい女子

†ＬＩＮＥのノート機能を活用し、みなで課題を共有

グループＬＩＮＥのノート機能を、部活動の情報共有のメモに使っていた人もいます。たとえばある学生は部活動で自分が最上級生になり、メンバーの面倒を見る役割になったときに、まずグループＬＩＮＥをつくり、**それぞれの目標や気づいたことをＬＩＮＥのノートに記入してもらうようにしました。**かなり具体的な課題が書かれています。

指導者がおらず、学生が自分たちで決めなければならないときは、課題をメンバー内で共有したほうがいいのです。そのためＬＩＮＥのノート機能を活用したとのことです。「ノート機能は何かあっても履歴が消えないので、いつでもどこでもメモが確認できる」とメリットを述べています。

今は、ほとんどの学生がＬＩＮＥをやっています。そこに自分の課題やこれからやるべきメニュー、みんなでやりたいことを書き合い、みなで見られるようにして、課題克服に努めてみましょう。そうやってメモを集めて残していくやり方は、今の時代ならではの携帯端末を活用したメモ力といえます。

[「引っ越しまでにしておくこと」のメモ]

引っ越しまでにしておくこと

- 電気・ガス・水道の解約
- インターネット
- NHK
- レンタル家電（冷蔵庫、洗濯機、電子レンジ）返却
- 郵便物の転送届け
- 清掃、ゴミ出し

清掃の目安

管理会社「床が見える程度」
ネットの話「そこまで神経質になる必要もない」
床のほこり、毛の除去
風呂場、カビキラー
トイレ清掃
本 → 捨てる or ブックオフ

†やるべきことを並べたスタンダードなメモ

授業ではスタンダードなものが人気を集めることがあります。ある学生は引っ越しまでにしておくことと、引っ越し当日にやることをそれぞれ具体的にメモしています。「引っ越しまでにしておくこと」は電気・ガス・水道の解約、郵便物の転送届けなどのほかに、清掃の細かな内容が書かれています。

「引っ越し当日」に行うのは、持ち帰るものと処分するものを分けること。引っ越しは私も何度も経験がありますが、**やるべきことをメモしておかないとボロボロ漏れが生じます。**引っ越してしまってから「しま

った。あれをやっていない」ということがたくさん出てきて、また元の住まいに戻ったり、役所で手続きしたりと、二度手間、三度手間になることもしばしばです。

シンプルなメモですが、こうした「To Do リスト」はメモの基本中の基本と言えるでしょう。授業では、互いによかったメモを投票しあうことになっています。この学生のメモは四票も獲得しました。それだけ実用的だったということでしょう。

†傾向分析することで客の行動を予測する

レジのバイト中にお客さんを観察し、気持ちのよい客と腹が立つ客の行動をメモし、分類した学生がいます。腹が立つ客の特徴は「携帯電話を操作しながら並ぶ」「財布の準備をしていない」など。反対に気持ちのよい客は「イヤホンをせめて片耳はずす」「『お願いします』『どうも』などと声をかけてくる」など。

アルバイトをしていると、たしかに腹が立つ客がいるでしょうが、このようにメモしてみると「なるほど」という感じではっきりわかります。この学生はメモすることで、それぞれの客の傾向を整理し、把握することができたので、レジの順番が来て、自分の前に立った時点で、腹が立ちそうな客を予想することができたそうです。

［気持ちのよい客と腹が立つ客の行動分析のメモ］

うざい

小銭投げる

無視

なぜか
おこってる

オレをなめる
やぶれた札
くちゃくちゃ

無言

見ない、

話しかけても

自分で探さない

新人のクレームを私にいう

むりやりものをおく

お金を袋にいれとく
→ ばらまく
なげる

うるさい
（電話）

ぶぜんとしてる

電話しながら会計

全く喋らない

うなずかない

100円をカード

いい

えがお

「すみません」

お礼

目を見る

イヤホンはずす

スムーズに出す

「お願いします」

「どうも」

見たら見てくれる

話しかけたら見てくれる
（顔を向ける程度◎）

商品を投げる

レシート渡す前に帰る
（こちらを向かない）
（レシートいりませんすらいわない）

テープを貼らせない

ルールを守らない

閉店後でも尊大

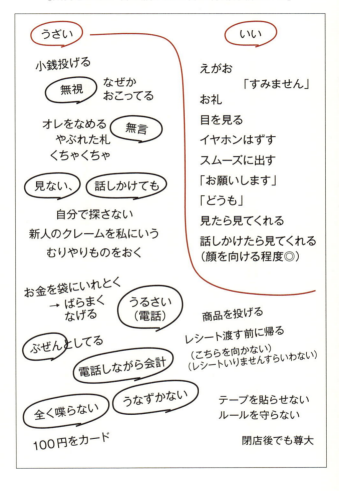

腹が立つ客は意識がこちらに向いていないという共通点があったので、迎えるさいに少し注意を引く行動をすると少しはましになったそうです。心の準備ができ、対処法も多少見つかったおかげで、むかつく客を〝暗殺〟できたと述べています。**メモを取り、傾向分析することで、心穏やかになれるという成果を得たメモです。**

†ふせんにメモする「ふせん式メモ術」

思いついたときにふせんにどんどんメモしていって、関連のあるものに貼っていき、不要になったら捨てる、というメモ力を開発した学生もいます。

彼は電車の旅が好きなので、旅行計画のメモを発表してくれました。彼の価値観では、時刻表は直接メモして汚してもいいのですが、地図には書き込みをしたくありません。そこでふせんにメモをして、地図に貼ってみたそうです。

ふせんのメリットとして、「書き込みができない資料にも書き込める」「自由に貼り直しができるので、より重要な場所にメモできる」「終わったこと、不要なものは捨てられる」をあげています。時刻表にも、新幹線の接続を逃さないよう、ふせんを貼ったところ、目立つ感じで注意を引くようになっています。

[地図にふせんを貼ったメモ]

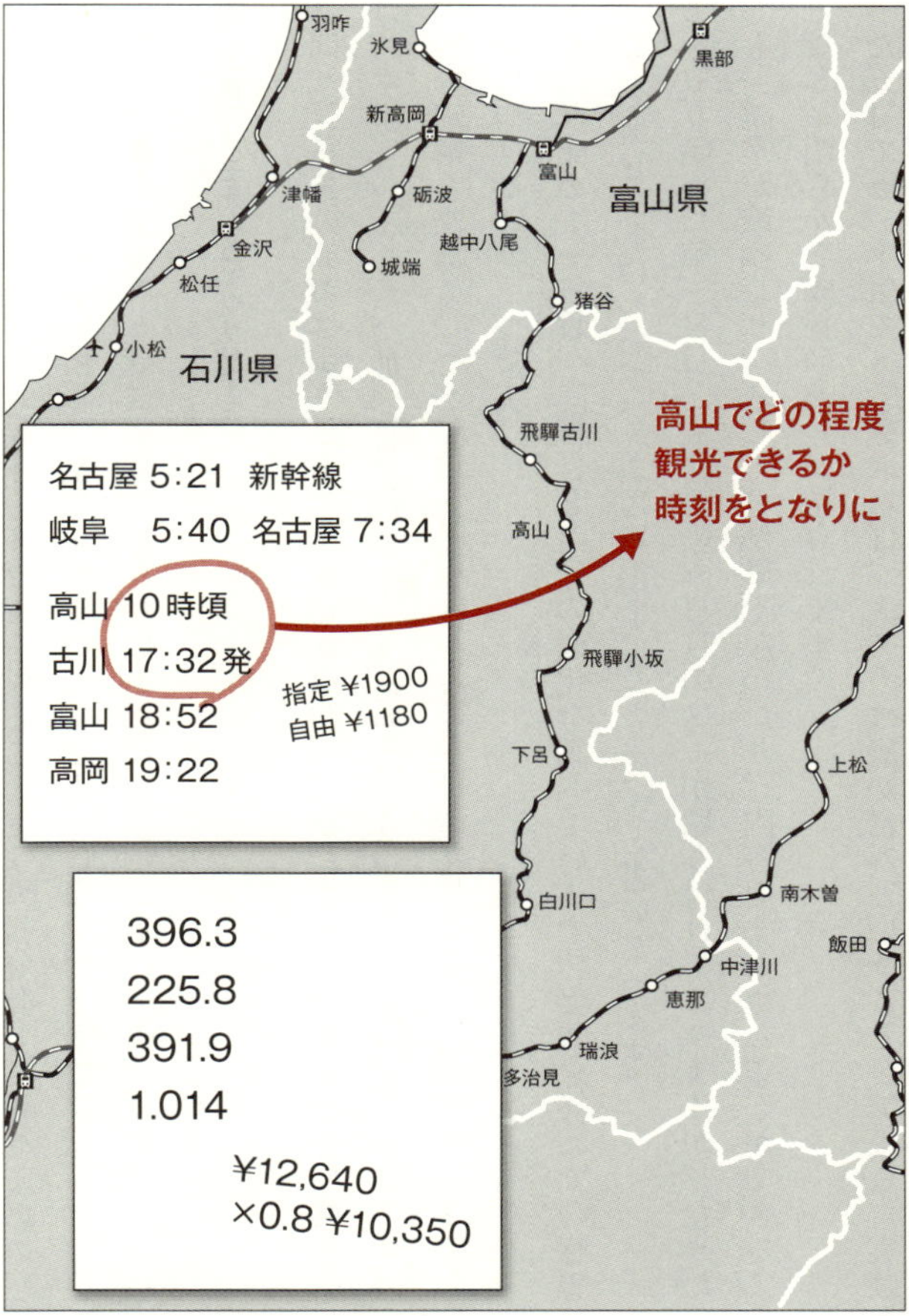

ふせんのメモを実践してみた結果、ふせんを貼ることでより視覚化して残せるので、再び調べる手間が省けたり、情報の整理が簡単にできるようになったそうです。

私も旅の計画を立てるときは実践してみたいと思った新しい形のメモ力です。

五日間、本気でメモを取るエクササイズ

五日間、NHKの『おはよう日本』を視聴しながら、ひたすらメモるという作業をやってのけた学生もいました。彼の目標は（1）メモを取るスピードをあげる、（2）ニュースの内容の理解を深める、（3）後で見直したときに内容が理解でき、見やすいメモの取り方を身につける、の三つです。

メモを取り始めて一日目、二日目と自分の変化を調べています。実践を終えての感想は、「ニュースのスピードについていくのは結構大変でした」と書いています。

メモを取り始めた第一日目と最終日の五日目のメモが貼り付けてありますが、たった五日間でも、誤字が減ったり、スピードが早くなったり、内容をまとめることができるようになるなど、明らかな成長のあとが見られます。

たった五日でも、本気でメモを取れば、メモ力は磨かれるということを実証した実験と

言えます。

†線を引いたり、四角で囲い、メリハリをつける

私のプレゼンに関する授業をわかりやすくメモした、まとめノートの実例です。「素晴らしいプレゼン　何かをしたくなる」「あなたのプレゼンの相手は誰ですか？」などといったテーマごとにメモを取っています。

言葉を並列的に書きつけているのではなく、なるべく箇条書きにしてあるので、通常のノートよりかなり見やすいと思います。さらに重要なキーワードには波線を引いたり、四角で囲ったりして、メリハリをつけています。

余白も多いので、全体に見やすく、何が書かれているのかがひと目でわかります。あとで見直したときにもひじょうにわかりやすいメモといえます。

[授業をメモしたノート]

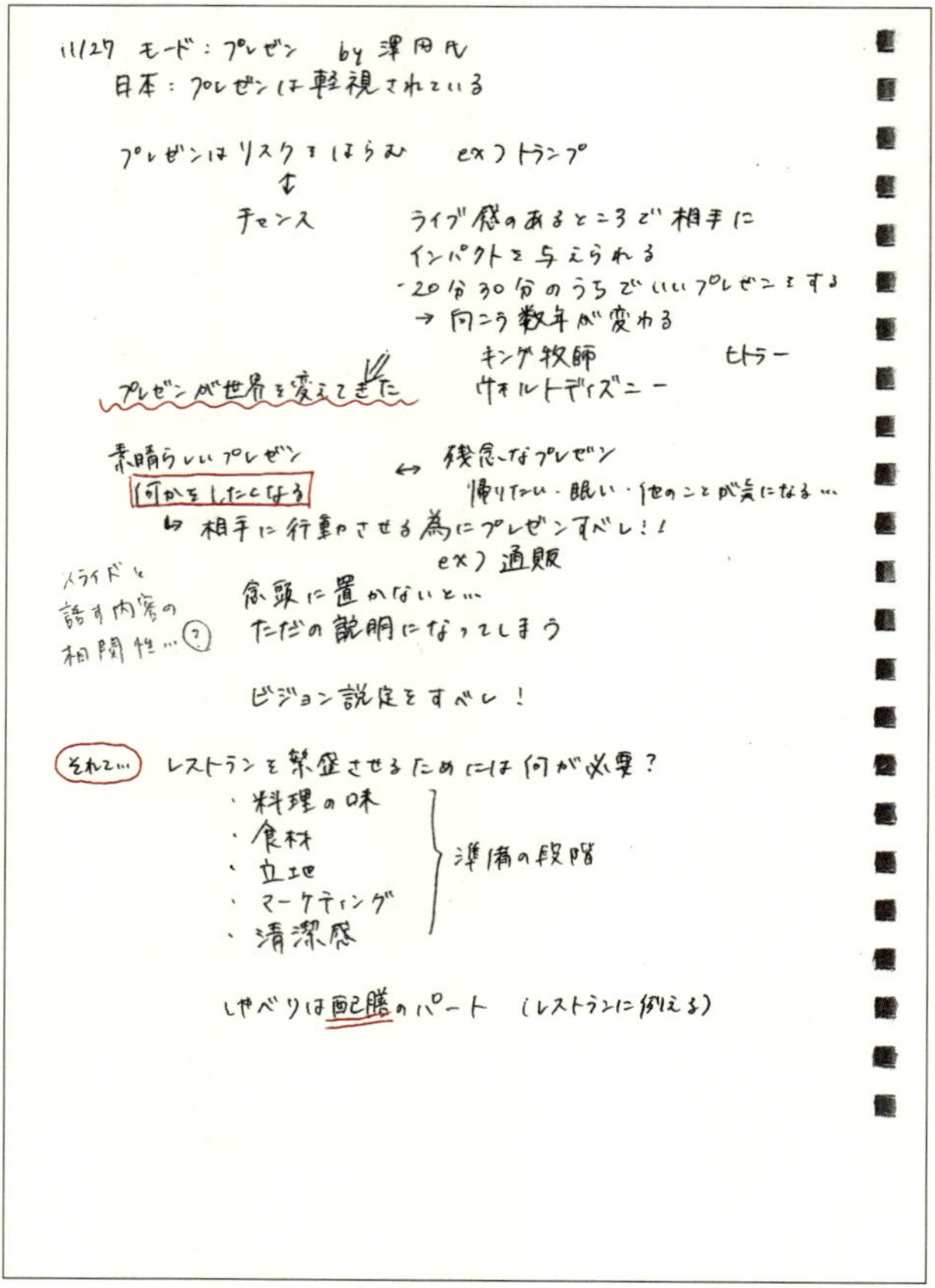
11/27 モード：プレゼン by 澤田氏
日本：プレゼンは軽視されている

プレゼンはリスクをはらむ ex) トランプ
↕
チャンス
ライブ感のあるところで相手に
インパクトを与えられる
・20分30分のうちでいいプレゼンをする
→ 向こう数年が変わる

プレゼンが世界を変えてきた
キング牧師 ヒトラー
ウォルトディズニー

素晴らしいプレゼン ↔ 残念なプレゼン
何かをしたくなる
帰りたい・眠い・他のことが気になる…
↳ 相手に行動させる為にプレゼンすべし！！
ex) 通販

スライドと
話す内容の
相関性…？

念頭に置かないと…
ただの説明になってしまう

ビジョン設定をすべし！

それで… レストランを繁盛させるためには何が必要？
・料理の味
・食材
・立地
・マーケティング
・清潔感
} 準備の段階

しゃべりは配膳のパート（レストランに例える）

†ノートにメモを書き起こしながら論文を読む

卒論を書くためにたくさんの論文を読んだ、学生のメモ術を紹介します。

この学生は、それまで論文を読むときに線を引いたり、色を変えたり、ふせんをつけるなどしていました。でもこの方法だけでは、しばしば前後の文脈を忘れ、その結果、誰の主張だったかわからなくなり、結局は主張そのものが理解できない事態におちいっていたそうです。

そこで、今まで同様、線を引いたり、ふせんを貼るのは続けましたが、さらに大事なことはノートに書き留めながら読むことを進めてみました。その結果、文字を書くことで体が反応し、より理解力が深まったと言っています。

また専門用語への拒否反応が減って、文中のさまざまな箇所に散らばっている専門用語の意味を拾いながら、整理できるようになりました。メモに書き起こすことで、今までより時間はかかりますが、論文に対する理解が深まったそうです。

†飲んだお酒の種類と特徴を分類するお酒メモ

社会人になると飲む席が多くなるので、共通の話題としてお酒の知識を習得するために、自分が飲んだお酒の分類をしてメモした学生もいました。お酒の種類をワイン、日本酒などに分け、カクテルの場合はレシピも記述しました。

そしてお酒の名前の横に、店の名前や美味しいと思うポイントを記入していったのです。それまで漠然と飲んでいたお酒も、きちんと分類してメモすることで、知識として頭に入るようになります。

その結果、人との会話が続いたり、興味の幅が広がったとこの学生は言っています。さらに初めて見る名前のお酒でも、そのカテゴリーから自分の好みに合わせてチョイスができるようになり、お酒の選択であれこれ迷うことが少なくなったというメリットも生まれました。

飲んだお酒をメモして、整理しただけですが、それだけで予想以上のメリットがあったというわけです。

†自分というフィルターを通して資料を処理する

ある学生はメモを取る以前は、やるべきことを頻繁に忘れていました。しかしメモを取るようになったら、「忘れない」「物事を順序立ててできる」「個々の物事につながりをつけられる」といったメリットが生まれました。

メモを取ると、自分がやっていることが意識化できるので、物事を構造的にとらえられるようになったわけです。まずは漏れをなくして、要素を徹底的に拾い上げるために、メモが威力を発揮します。

これは自分が関わるということですから、自分というフィルターを通して現実を処理するといってもいいでしょう。

このように学生にメモ生活をしてきてもらうと、さまざまなテーマが出てきます。趣味の領域でやってくる人もいれば、大学の授業をメモする人もいるし、生活上のことをメモする人もいます。メモは広範囲にわたって実践が可能です。たんに講義をノートするだけにとどまらず、広く生活の中で活用できる技だと思います。

おわりに

思考を鍛えていく過程において、メモほど最適なものはないと思います。なぜなら、メモは本質を射抜く銛のような存在だからです。本質把握力というものがあるとすれば、メモがまさにそれに相当します。

世の中には、本質に迫るのが苦手な人がけっこういます。そういう人は何となくぼやっと生きてしまい、非本質的なところで空回りしてしまいます。そういうときこそ本質把握の練習としてメモは大変役に立ちます。

いろいろなことを列挙したり、書き留めたりしていく中で「あっ、これだ！」というものを見つけるのが、本質把握力のトレーニングになります。その勘を研ぎ澄ませるのが、メモを取る習慣です。

これは、いわば運動神経のようなものです。ふだんから運動していれば、急に球が飛んできても、ぱっと体が動いてジャストミートできます。自由に思考が動いて、獲物を仕留めることができます。それがメモの良さです。

今回、メモを取る大切さや、メモの取り方のハウツーなど、いろいろな内容を書きましたが、結局「鬼のメモ力」とは本質をつかまえるためのきわめてエッセンシャルな武器になる、と言ってもいいでしょう。

「メモって何だっけ?」「何のためにメモするんだっけ?」と聞かれたら、記録のためでも、あとで見るためでもない。「本質をつかまえる力を磨くためです」と言い切ってください。

そうすれば、自分の中から生まれてきたクリエイティブなことや本質的なことを逃がさなくなります。その先に新しいアイデアや思考が生まれてくるのですから、メモは本質をつかまえるために絶対に必要な銛、武器であると認識して、日々メモ力を鍛えることに精進してください。

最後に、シェイクスピアの『ハムレット』(シェイクスピア全集1・松岡和子訳・ちくま文庫)からメモに関するひと言をつけ加えておきましょう。

ハムレットは父である王の亡霊から、父が叔父に毒殺されたことを知らされます。復讐を誓ったハムレットはこう叫びます。

「ああ、悪党め、あの悪党、微笑みを浮かべた大悪党！
そうだ、この手帳に書き留めておこう、
人はにこやかに、にこやかに微笑みつつ悪党たりうる。
少なくともデンマークには間違いなくそういう奴がいる」

復讐という激烈な思いですら、人は「記憶の手帳」に書くだけでは不十分です。実際にメモに書いて残さなければ、本質は自分のものにはなりません。手で書いて、メモに残す。これが本質に近づく唯一の方法なのです。

この本が形になるに当たっては、辻由美子さん、筑摩書房の羽田雅美さんから大きな御助力を頂きました。協力してくれた明治大学の学生のみなさんにも御礼申し上げます。ありがとうございました。

二〇一八年五月

齋藤　孝

図版作成＝朝日メディアインターナショナル株式会社
編集協力　辻　由美子

ちくま新書
1340

思《し》考《こう》を鍛《きた》えるメモ力《りょく》

二〇一八年七月一〇日 第一刷発行
二〇一八年九月 五 日 第二刷発行

著者 齋藤孝(さいとう・たかし)
発行者 喜入冬子
発行所 株式会社 筑摩書房
東京都台東区蔵前二-五-三 郵便番号一一一-八七五五
電話番号〇三-五六八七-二六〇一(代表)
装幀者 間村俊一
印刷・製本 三松堂印刷 株式会社

ISBN978-4-480-07160-6 C0295

1015
日本型雇用の真実
石水喜夫
雇用流動化論は欺瞞である。日本型雇用は終わっていない。労働力を商品と見て、競争を煽ってきた旧来の労働経済学を徹底批判。働く人本位の経済体制を構想する。

1023
日本銀行
翁邦雄
アベノミクスで脱デフレに向けて舵を切った日銀は、本当に金融システムを安定させられるのか。金融政策の第一人者が、日銀の歴史と多難な現状を詳しく解説する。

1032
マーケットデザイン
——最先端の実用的な経済学
坂井豊貴
腎臓移植、就活でのマッチング、婚活パーティー!? お金で解決できないこれらの問題を解消する画期的な思考を解説する。経済学が苦手な人でも読む価値あり!

1042
若者を見殺しにする日本経済
原田泰
社会保障ばかり充実させ、若者を犠牲にしている日本経済に未来はない。若年層が積極的に活動し、失敗しても取り返せる活力ある社会につくり直すための経済改革論。

1046
40歳からの会社に頼らない働き方
柳川範之
誰もが将来に不安を抱える激動の時代を生き抜くには、どうするべきか? 「40歳定年制」で話題の経済学者が、新しい「複線型」の働き方を提案する。

1054
農業問題
——TPP後、農政はこう変わる
本間正義
戦後長らく続いた農業の仕組みが、いま大きく変わろうとしている。第一人者がコメ、農地、農協の問題を分析し、TPP後を見据えて日本農業の未来を明快に描く。

1056
なぜ、あの人の頼みは聞いてしまうのか?
——仕事に使える言語学
堀田秀吾
頼みごと、メール、人間関係、キャッチコピーなど、仕事の多くは「ことば」が鍵! 気鋭の言語学者が、ことばの秘密を解き明かし、仕事への活用法を伝授する。

1058
定年後の起業術
津田倫男
人生経験豊かなシニアこそ、起業すべきである――第二の人生を生き甲斐のあふれる実り豊かなものにしたいあなたに、プロが教える、失敗しない起業のコツと考え方。

1061
青木昌彦の経済学入門 ――制度論の地平を拡げる
青木昌彦
社会の均衡はいかに可能なのか？　現代の経済学を主導した碩学の知性を一望し、歴史的な連続／不連続性のなかで、ひとつの社会を支えている「制度」を捉えなおす。

1065
中小企業の底力 ――成功する「現場」の秘密
中沢孝夫
国内外で活躍する日本の中小企業。その強さの源は何か？　独自の技術、組織のつくり方、人材育成……。多くの現場取材をもとに、成功の秘密を解明する一冊。

1069
金融史の真実 ――資本システムの一〇〇〇年
倉都康行
懸命に回避を試みても、リスク計算が狂い始めるとき、金融危機は繰り返し起こる。「資本システム」の歴史を概観しながら、その脆弱性と問題点の行方を探る。

1092
戦略思考ワークブック【ビジネス篇】
三谷宏治
Ｓｕｉｃａ自販機はなぜ1・5倍も売れるのか？　1着25万円のスーツをどう売るか？　20の演習で、明日から使える戦略思考が身につくビジネスパーソン必読の一冊。

1128
若手社員が育たない。 ――「ゆとり世代」以降の人材育成論
豊田義博
まじめで優秀、なのに成長しない。そんな若手社員が増加している。本書は、彼らの世代的特徴、職場環境、大学での経験などを考察し、成長させる方法を提案する。

1130
40代からのお金の教科書
栗本大介
子どもの教育費、住宅ローン、介護費用、老後の準備、相続トラブル。取り返しのつかないハメに陥らないために、「これだけは知っておきたいお金の話」を解説。

ちくま新書

1138
ルポ 過労社会
——八時間労働は岩盤規制か
中澤誠
長時間労働が横行しているのに、さらなる規制緩和は必要なのか？ 雇用社会の死角をリポートし、「働きすぎの日本人」の実態を問う。佐々木俊尚氏、今野晴貴氏推薦。

1166
ものづくりの反撃
中沢孝夫
藤本隆宏
新宅純二郎
「インダストリー4.0」「IoT」などを批判的に検証し、日本の製造業の潜在力を分析。現場で思考をつづけてきた経済学者が、日本経済の夜明けを大いに語りあう。

1175
30代からの仕事に使える「お金」の考え方
児玉尚彦
上野一也
あなたは仕事できちんと「お金」を稼げていますか？ ビジネス現場で最も必要とされる「お金で考えるスキル」を身につけて、先が見えない社会をサバイブしろ！

1179
日本でいちばん社員のやる気が上がる会社
——家族も喜ぶ福利厚生100
坂本光司&
坂本光司研究室
全国の企業1000社にアンケートをし、社員と家族を幸せにしている100の福利厚生事例と、業績にも確実によい効果が出ているという分析結果を紹介する。

1188
即効マネジメント
——部下をコントロールする黄金原則
海老原嗣生
自分の直感と経験だけで人を動かすのには限界がある。マネジメントの基礎理論を学べば、誰でもいい上司になれる。人事のプロが教える、やる気を持続させるコツ。

1189
恥をかかないスピーチ力
齋藤孝
自己紹介や、結婚式、送別会など人前で話す機会は意外と多い。そんな時のためのスピーチやコメントのコツと心構えを教えます。これさえ読んでいれば安心できる。

1197
やってはいけない！ 職場の作法
——コミュニケーション・マナーから考える
高城幸司
雑談力、社内ヒエラルキーへの対処、ツールの使い分け、会議の掟、お詫びの鉄則など、社内に溶け込み、存在感を示していくためのコミュニケーションの基本！

ちくま新書

1276
経済学講義
飯田泰之
ミクロ経済学、マクロ経済学、計量経済学の主要3分野をざっくり学べるガイドブック。体系を理解して、大学で教わる経済学のエッセンスをつかみとろう！

1277
消費大陸アジア
――巨大市場を読みとく
川端基夫
中国、台湾、タイ、インドネシア……いま盛り上がるアジア各国の市場や消費者の特徴・ポイントを豊富な実例で解説する。成功する商品・企業は何が違うのか？

1283
ムダな仕事が多い職場
太田肇
日本の会社は仕事にムダが多い。顧客への過剰なサービス、不合理な組織体質への迎合は、なぜ排除されないのか？　ホワイトカラーの働き方に大胆にメスを入れる。

1302
働く女子のキャリア格差
国保祥子
脱マミートラック！　産み、働き、活躍するのは可能なのか。職場・個人双方の働き方改革を具体的に提案。育休取得者四千人が生まれ変った思考転換メソッドとは？

1305
ファンベース
――支持され、愛され、長く売れ続けるために
佐藤尚之
「ファンベース」とは、ファンを大切にし、ファンをベースにして、中長期的に売上や価値を上げていく考え方である。今、最も大切なマーケティングはこれだ！

1312
パパ1年目のお金の教科書
岩瀬大輔
これからパパになる人に、これだけは知っておいてほしい「お金の貯め方・使い方」を一冊に凝縮。パパとして奮闘中の方にも、きっと役立つ見識が満載です。

1332
ヨーロッパで勝つ！　ビジネス成功術
――日本人の知らない新常識
塚谷泰生
EPA合意でヨーロッパビジネスの大チャンスがやってきた。日本製品は交渉術を身につければ必ず売れる。経験豊富な元商社マンが伝授する、ビジネス成功の極意。

1228
「ココロ」の経済学
――行動経済学から読み解く人間のふしぎ
依田高典
なぜ賢いはずの人間が失敗をするのか？　自明視されてきた人間の合理性を疑い、経済学、心理学、脳科学の最新知見から、矛盾に満ちた人間のココロを解明する。

1232
マーケティングに強くなる
恩蔵直人
「発想力」を武器にしろ！　ビジネスの伏流を読み解き、現場で考え抜くためのヒントを示す。仕事に活かせる実践知を授ける、ビジネスパーソン必読の一冊。

1260
金融史がわかれば世界がわかる【新版】
――「金融力」とは何か
倉都康行
金融取引の相関を網羅的かつ歴史的にとらえ、資本主義がどのように発展してきたかを観察。旧版を大幅に改訂し、実務的な視点から今後の国際金融を展望する。

1268
地域の力を引き出す企業
――グローバル・ニッチトップ企業が示す未来
細谷祐二
地方では、ニッチな分野で世界の頂点に立つ「GNT」企業の存在感が高まっている。その実態を紹介し、国や自治体の支援方法を探る。日本を救うヒントがここに！

1270
仕事人生のリセットボタン
――転機のレッスン
為末大
中原淳
これまでと同じように仕事をしていて大丈夫？　右肩上がりではなくなった今後を生きていくために、自分の生き方を振り返り、明日からちょっと変わるための一冊。

1274
日本人と資本主義の精神
田中修
日本経済の中心で働き続けてきた著者が、日本人の精神から、日本型資本主義の誕生、歩み、衰退の流れを様々な資料から丹念に解き明かす。再構築には何が必要か？

1275
ゆとり世代はなぜ転職をくり返すのか？
――キャリア思考と自己責任の罠
福島創太
いま、若者の転職が増えている。本書ではゆとり世代の若者たちに綿密なインタビューを実施し、分析。また、彼らをさらなる転職へと煽る社会構造をあぶり出す！